Schweizer Wanderbuch
Durchgehende Routen

Hochrheinroute

Basel – Schaffhausen – Rorschach

12 Routenbeschreibungen mit Routenkarten, Routenprofilen und Bildern

Bearbeitet von Rudolf Künzler

D1712160

Kümmerly + Frey Geographischer Verlag Bern

Herausgeber: Schweizerische Arbeitsgemeinschaft für Wanderwege

Inhalt

Redaktion: Sekretariat Schweizerische Arbeitsgemeinschaft für Wanderwege,
Im Hirshalm 49, 4125 Riehen, Tel. 061 49 15 35

Bilder:

	Seite
Baumann, Schaffhausen	2, 6, 39, 51, 64, 90
Lauterwasser, VV St. Gallen	47
Schulz, Basel	25
SVZ, Zürich	9, 12, 29, 35, 43, 57, 61, 84
VV St. Gallen	78, 88

Umschlagbild: Rheinfelden, die alte Bäderstadt am Rhein, Foto Zimmermann, Rheinfelden

Routenkarten: Ausschnitte aus der LK 1:200 000,
reproduziert mit Bewilligung der Eidg. Landestopographie vom 29. 1. 1981

© 1981 Kümmerly + Frey, Geographischer Verlag, Bern – 1. Auflage 1981
Printed in Switzerland - ISBN 3-259-03405-6

DR

Zum Geleit

Im Frühjahr 1980 wurden von der Schweizerischen Arbeitsgemeinschaft für Wanderwege (SAW) die Wanderbücher «Alpenpassroute», «Gotthardroute» und «Mittellandroute» aus der Taufe gehoben. Auf Anhieb erfreuten sich die drei Bändchen einer sehr regen Nachfrage. Die gute Aufnahme der neuen Bücher und das positive Echo zeigten uns, dass die Herausgabe von Büchern über durchgehende Routen offensichtlich einem echten Bedürfnis entspricht. Was mögen die Motive der vielen Wanderfreunde, die das Fernwandern vermehrt pflegten, wohl gewesen sein? Vielleicht die Erkenntnis, dass der Mensch heute innert Stunden von Kontinent zu Kontinent zu reisen vermag, dass er dabei die halbe Welt sehen und konsumieren kann, aber diese doch nur oberflächlich oder überhaupt nicht kennenlernt.

Ist der Mensch von diesem Tempo am Ende überfordert? Verleiht ihm nicht eher die Fortbewegung aus eigenen Kräften das richtige, erträgliche Mass? Das grosse Interesse am Erwandern durchgehender Routen ist schon eine Antwort auf diese Frage. Das Überlandwandern wird neu entdeckt! Eine Selbstverständlichkeit aus der Zeit vor dem Aufkommen der Massenverkehrsmittel wird zur neuen Möglichkeit der Freizeit- und Feriengestaltung. Freuen wir uns über diese Entwicklung!

Ein weiterer Grund der grossen Nachfrage nach unseren Wanderbüchern besteht zweifellos darin, dass diese nach Aufbau, Inhalt, Informationswert, Darbietung, Lese- und Handlungsanreiz offensichtlich zu überzeugen vermögen. Das spricht für die Qualität der Bücher und gibt mir Anlass, allen an der Entstehung, Publikation und Verbreitung Beteiligten ganz herzlich zu danken. Der Erfolg der ersten Bücher ist das schönste Kompliment. Er ermutigt, unseren Idealen und Zielen die Treue zu halten und, einem Wanderergrundsatz folgend, in Bewegung zu bleiben. Wen wundert's da noch, dass wir uns entschlossen, den ersten SAW-Bändchen drei weitere folgen zu lassen.

So hoffe ich denn, auch die SAW-Wanderbücher der «zweiten Generation» möchten vielen Wanderfreunden Freude bereiten und nützliche Dienste erweisen, als treue Führer und lehrreiche Weggefährten!

Im Frühjahr 1981   Ernst Neukomm, Regierungsrat, Schaffhausen
                          Präsident der Schweizerischen Arbeitsgemeinschaft
                          für Wanderwege (SAW)

Vielfältig und reich verziert sind die Fassaden der ▷
Bürgerhäuser in den noch heute mittelalterlich
anmutenden Städtchen längs der Wanderroute.
Rathausplatz in Stein am Rhein (Routen 8 und 9)

Vorwort

Als im Jahre 1980 die ersten Wanderbändchen der Schweizerischen Arbeitsgemeinschaft für Wanderwege (SAW) über durchgehende Routen im Buchhandel auftauchten, ahnte man noch kaum, welch grossen Anklang diese Bücher sofort finden würden.

Unterdessen hat sich gezeigt, dass dem ausgedehnten Erwandern ganzer Landstriche, als Ausgleich zur Hektik unserer Tage, immer grössere Bedeutung zukommt. Die Erkenntnis, dass sich Körper und Geist des Menschen nur dann richtig zu erholen und zu stärken vermögen, wenn nichts überhastet wird, und dass tiefe Erlebnisse nur dann nachhaltig wirken können, wenn zu deren Einprägung auch genügend Zeit vorhanden ist, scheint sich mehr und mehr zur gültigen Ansicht des modernen Menschen zu wandeln.

Nun kann sich die in diesem Buche beschriebene Route von Basel nach Rorschach nicht mit den an Kilometern reicheren Wanderrouten messen, lässt sie sich doch bequem in 10 bis 14 Tagen erwandern. Was die Route dagegen so reizvoll macht, ist die Vielfältigkeit, nach welcher sie sich erwandern lässt:

Eindrücklich ist der allmähliche Wechsel aus der Industrielandschaft der Nähe Basels und weiter Teile des aargauischen Gebietes zu den lieblichen Rebhängen, bunten Feldern und malerischen Bauerndörfern des Zürichbietes und des Schaffhausischen. Angenehm berührt uns schliesslich die lichte, kaum begrenzte Weite an den Gestaden des Unter- und des Bodensees.

Wieder andere dürfte der Weg ins Altertum reizen, liegen an unserer Route doch die Zeugen einstiger römischer Grösse. Die Namen Basilea, Augusta Raurica, Tenedo, Arbor Felix lassen ebenso wie die rund 50 bis heute ausgemachten Standorte römischer Warten die Zeit der Blüte und des Zerfalls des einst so mächtigen Römerreiches in uns wach werden.

Die vielen Zeugen mittelalterlichen Bürgertums, und die Vielfalt der durchwegs gut erhaltenen, sehenswerten Städtchen, liessen es dem Bearbeiter ratsam erscheinen, die Routenabschnitte verhältnismässig bescheiden abzustecken.

Laden nicht schon die verschiedenen Häuseranschriften zum Nachdenken und Verweilen ein? Weisen Bezeichnungen wie «Zum Schwert», «Zum Eisenhut», «Zur Armbrust», «Zum Ritter», «Zum Schweizerdegen» auf die Zeit der Auseinandersetzung und der Behauptung hin, so gemahnen Bezeichnungen wie «Zur Eintracht», «Zur Redlichkeit», «Zum Vertrauen», «Zur Hoffnung», «Zur Bürgertugend» an die Zeit der Aufklärung. Der industrielle Aufschwung und der blühende Wohlstand der neueren Zeit manifestieren sich dagegen in den Namen «Rosental», «Sonnenberg», «Veilchenburg» und «Jugendgarten».

Andere wiederum entzückt die immer wechselnde Bauweise, vom stattlichen und behäbigen Baselbieter Bauernhaus zum kunstvoll abgestützten Rieghaus des Zürcher Unterlandes und des Rafzerfeldes und zu den reich mit Erkern verzierten Fassaden im Schaffhausischen und am Untersee. Natürlich vermag auch die stets wechselnde Flusslandschaft immer neu zu fesseln. Vorerst beherrscht der etwas düstere Eindruck des industriell übernutzten Rheines die Landschaft. Später folgen wir dem sich eng zwischen Jura und Schwarzwald hindurchwindenden, zuweilen fast unheimlich schäumenden Fluss. Schliesslich überwiegt die Lieblichkeit der stillen Flusslandschaft oberhalb Schaffhausen, und die Öffnung zum weiten, gleissenden Seespiegel bildet den krönenden Abschluss unserer Wanderung.

Einige werden den Weg auch unter die Füsse nehmen, um sich selber ein Bild davon zu machen, was alles an landschaftlicher und städtebaulicher Schönheit gefährdet wäre, sollte die drohende industrielle Hochrhein-Schiffahrt bis zum Untersee Wirklichkeit werden.

Ein unbestreitbarer Vorteil dieser Route ist die Tatsache, dass sie weitgehend dem idealen Wanderweg entspricht, weist sie doch mit Ausnahme der Ortsdurchquerungen kaum 10% Asphaltbelag auf. Weite Strecken führen über lauschige Flussuferwege, aussichtsreiche Feldwege und mit alten Baumbeständen versehene Seepromenaden. Es ist nur zu hoffen, dass zuständige Behörden und interessierte Organisationen diesen erfreulichen Zustand auch in Zukunft zu schützen vermögen.

So hoffe ich denn, dass der Weg von Basel bis Rorschach vielen zum wirklichen Erlebnis werde und zur echten Erholung und Bereicherung beitragen dürfe. Wenn das vorliegende Büchlein etwas dazu beisteuern kann, hat es seinen Zweck erfüllt.

Bern, im Frühjahr 1981   Rudolf Künzler

Die St. Ulrichskirche des ehemaligen Augustinerklosters in Kreuzlingen. Ein reich ausgestatteter Rokoko-Bau (Routen 11 und 12) ▷

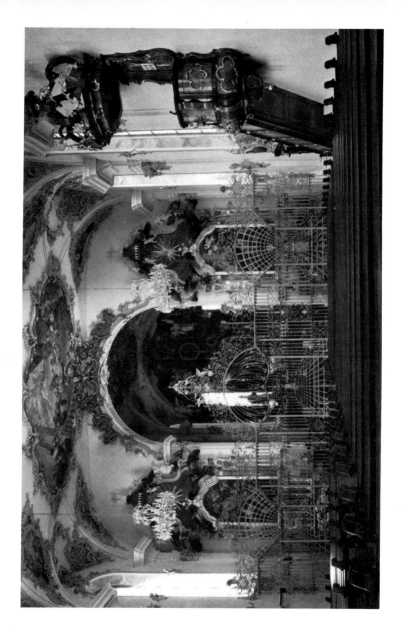

Massstab 1:000 000

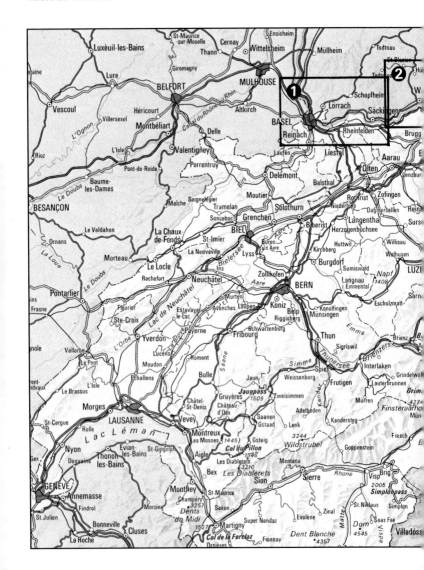

Karte 1: Basel–Laufenburg
Karte 2: Laufenburg–Schaffhausen
Karte 3: Schaffhausen–Kreuzlingen
Karte 4: Kreuzlingen–Rorschach

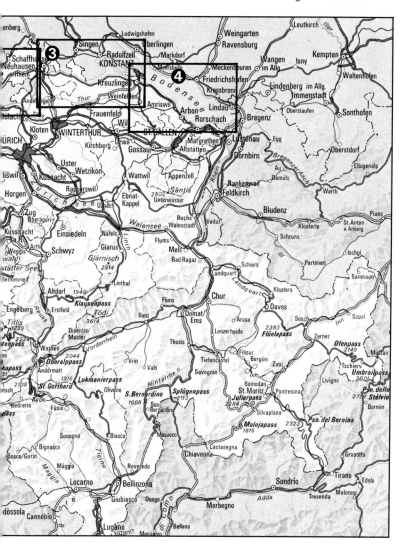

Routenverzeichnis

◁ Blick vom Basler Münster auf das Industrie-
quartier, Klein-Basel und den Rhein (Route 1)

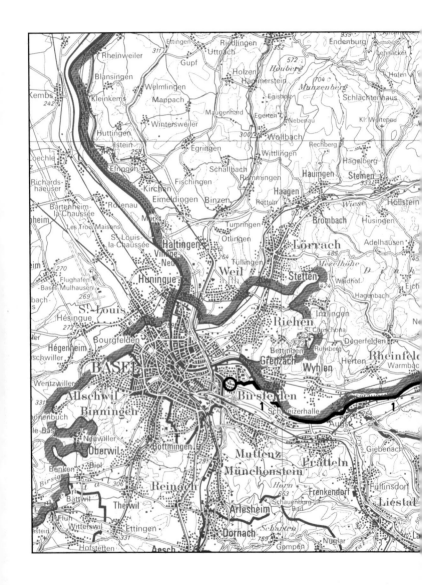

Karte 1
Massstab 1:200 000
Routen 1–3

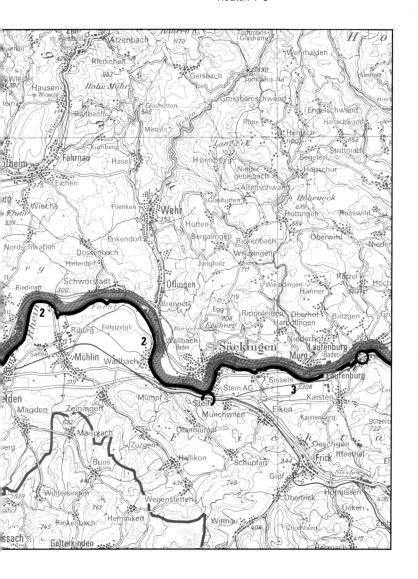

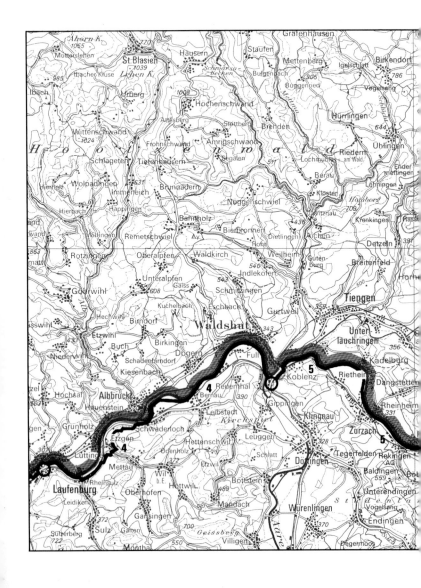

Karte 2
Massstab 1:200 000
Routen 4–7

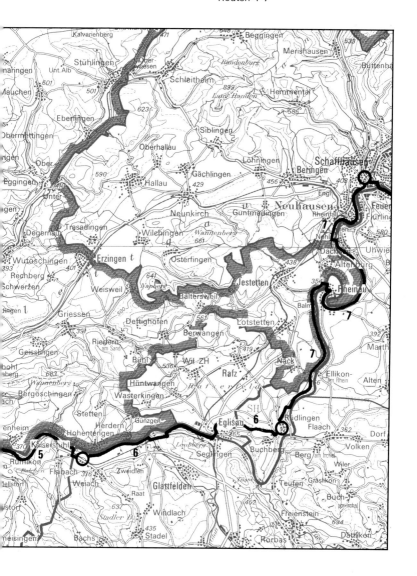

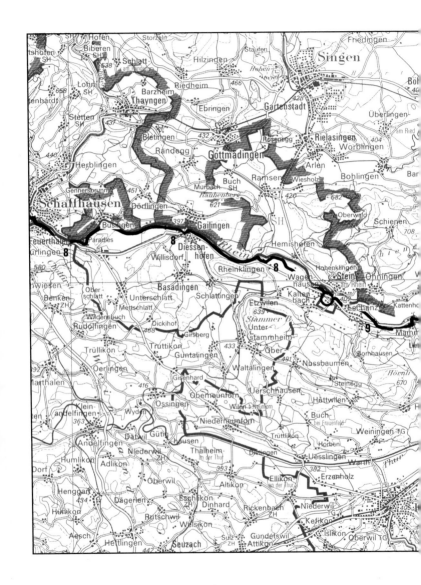

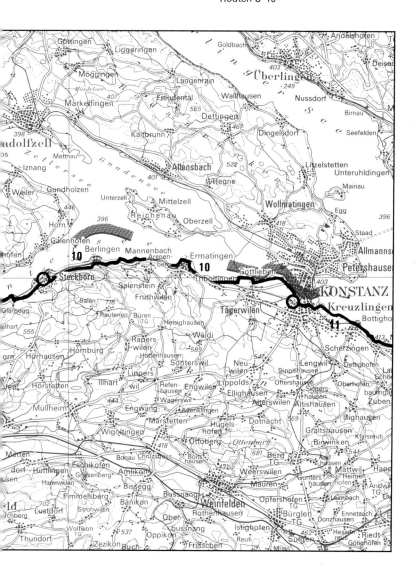

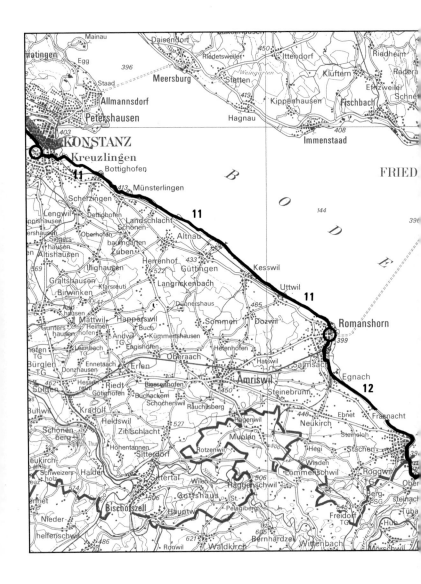

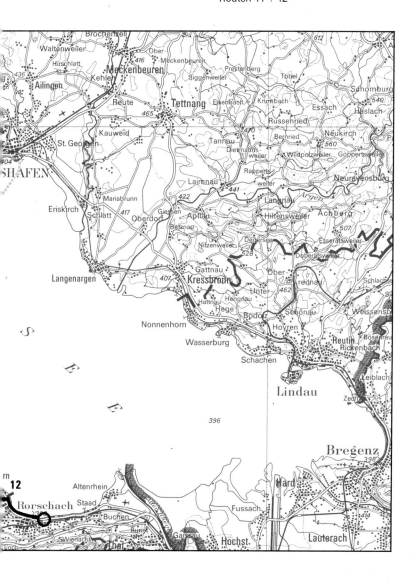

21

Karte 4
Massstab 1:200 000
Routen 11 + 12

1   Basel – Birsfelden – Kaiseraugst – Rheinfelden

Abwechslungsreiche Wanderung aus dem Lärm der Industrieanlagen von
Birsfelden, vorbei an den Römerstätten von Augst ins alte Zähringer-
städtchen Rheinfelden, einem mittelalterlichen Kleinod ersten Ranges.
Meist auf direkt dem Rheinufer folgenden idyllischen Fischer- und Spa-
zierwegen.

Route	Höhe in m	Hinweg	Rückweg
Basel–Birsfelden/Tram	275	—	3 Std. 40 Min.
Hotel Waldhaus	274	20 Min.	3 Std. 20 Min.
Schweizerhalle/Rothus	270	1 Std.	2 Std. 35 Min.
Kraftwerk Augst-Wyhlen	262	1 Std. 45 Min.	1 Std. 50 Min.
Kaiseraugst/Lände	269	2 Std. 05 Min.	1 Std. 30 Min.
Hohlandschaft	294	2 Std. 45 Min.	50 Min.
Rheinfelden/Station	285	3 Std. 35 Min.	—

Da die Wanderroute erst ausserhalb der Stadt *Basel* (Näheres S. 65) beginnt, benützt man ab Basel SBB bis zum Ausgangspunkt Linie 7 der
Städtischen Verkehrsbetriebe bis Äschenplatz, und anschliessend Linie 3
bis Birsfelden/Hard (Endstation). *Birsfelden* bestand noch vor 180 Jahren
aus bloss vier einsamen Höfen. Heute hat es typisch städtischen Vororts-
charakter. Bis 1872 gehörte Birsfelden zu Muttenz, worauf es eine selb-
ständige Gemeinde wurde. Nachweisbar lebten hier bereits auch Römer.
Bei der Kirche fand man zudem Funde aus der Bronzezeit.
Von der Tramendstation Hard zum nahen Waldrande ohne die Rheinstrasse zu überschreiten, auf prächtig angelegtem Spazierweg an der
Pumpstation Hardwasser AG vorbei, nordwärts haltend zur Brücke über
die starkbefahrene Verbindungsstrasse Muttenzer Rangierbahnhof – Birs-
felder Hafen. Nach Überschreiten des Industriegeleises, welches zum Auhafen führt, auf breitem Waldweg durch prächtigen Forst. Hin und wie-

Legende zu den Routenprofilen

🏘️   Stadt oder Dorf mit Kirche   🏰   Schloss

🏠   Weiler   🏛️   Ruine

🏠   Einzelgebäude   🌳   Wald

🏠   Gasthaus   ☆   Aussichtspunkt

der berührt der Forstweg den recht rege benützten Vita-Parcours. Immer ostwärts haltend zum *Hotel Waldhaus,* welches auf der Terrasse hoch über dem Rhein am nördlichen Rande des Hardwaldes liegt. Von der kleinen Spielwiese aus geniesst man den Ausblick auf Rhein, Auhafen und Grenzacher Industriegebiet. Immer noch dröhnt Rangierlärm vom nahen Muttenzer Rangierfeld herüber.

Hart über den Geleiseanlagen des Auhafens geht es durch lichten Kiefernwald zur ersten *Römerwarte* an unserem Wege. Eine Inschrift gibt darüber Auskunft, dass die vorhandenen Überreste von einem römischen Wachtturm stammen, der in den Jahren 371–374 nach Christi Geburt unter den Kaisern Valentinian und Gratian erbaut worden war. Er gehörte zu der Kette der römischen Rheinsicherungsanlagen, aus welcher heute noch, allein zwischen Basel und Zurzach, 23 Türme nachweisbar sind. 401 wurde diese Sicherungslinie von den Alemannen überrannt.

Nun führt ein schmaler Pfad im Zickzack zu den Tankanlagen des Auhafens hinunter. Über ein von Gittern gesäumtes Strässchen und über einen die Abstellgeleise querenden Holzsteg direkt ans Rheinufer. Auf schmalem, stark von Efeu bedrängtem Pfad zur Wiese beim *Rothus,* einem früheren Kloster der Pauliner Eremiten. Dem Baumbestand folgend etwa 50 m landeinwärts halten, beim Wegweiser aber sofort wieder rheinwärts abdrehen. Der immer schmaler werdende Pfad folgt nun unmittelbar dem Rheinufer. Rückwärts beherrscht die eindrückliche Silhouette der Industrieanlagen von Grenzach und Schweizerhalle den Horizont, während vor uns bereits das Kraftwerk Augst-Wyhlen mit seinen mächtigen Schleusen den Ausblick begrenzt. Nach kurzem Aufstieg erreicht man die Strasse, die zum ersten Kraftwerk an unserer Wanderroute führt. Das nach vierjähriger Bauzeit 1912 in Betrieb genommene Grosskraftwerk *Augst-Wyhlen* vermag den Rhein 9 m hoch aufzustauen. Das Wehr besitzt 10 Öffnungen von 17,5 m Breite. Durch die Wehranlage wurde der an dieser Stelle ehemals wilde Rhein vollständig korrigiert. Eine Kammerschleuse ermöglicht den Passagierschiffen die Weiterfahrt nach Rheinfelden.

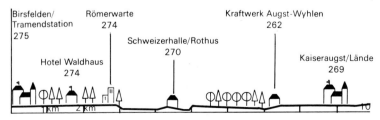

Birsfelden/
Tramendstation
275

Römerwarte
274

Hotel Waldhaus
274

Schweizerhalle/Rothus
270

Kraftwerk Augst-Wyhlen
262

Kaiseraugst/Lände
269

1 km   2 km

Am Kraftwerk vorbei zur Ergolzbrücke, die zugleich Grenzübergang zwischen den Kantonen Baselland und Aargau bildet. Nach Überschreiten der Brücke, knapp vor dem Pumpwerk Kaiseraugst, von der Strasse weg wieder rheinwärts halten.

Geschichtlich Interessierte werden sich nicht von einem kurzen Abstecher zu den nur 750 m entfernt liegenden eindrücklichen römischen Baudenkmälern von *Augusta Raurica* (Näheres S. 66) abhalten lassen.

Durch den Campingplatz zur Rheinpromenade und auf dieser weiter zur *Lände Kaiseraugst.* Kaiseraugst war ursprünglich Fischerdorf. Es steht auf den Ruinen der römischen Feste castrum rauracense, die um das Jahr 300 zum Schutze von Augusta Raurica erbaut wurde. Der Verlauf der heutigen Dorfstrasse deckt sich mit dem Verlauf der via praetoria des Castrums. Der Name Kaiseraugst weist dagegen darauf hin, dass der Ort bis 1803 Krongut des österreichischen Kaiserhauses war.

Leicht ansteigend an den Rand des Uferwäldchens in der Rinau. Ein riesiges Betonmischwerk und eine Futtermühle zeugen von der stark verbreiteten Industrie. Immer der Bahnlinie folgen. Bei *Hohlandschaft* überraschender Blick auf Rheinfeldens Neuquartier, den Augarten. Nun etwa 150 m der Rheinstrasse folgen. Sobald der Wald zurücktritt, wieder auf schmalem Pfade dem Waldrand folgen. Unterwegs kurzer Durchblick nach Warmbach, einem Aussenquartier von badisch Rheinfelden. Nach der Kläranlage Rheinfelden auf dem Strässchen bergwärts halten, da der Spazierweg Richtung Strandbad an einem verschlossenen Tor endet. Bei der Einmündung in die Hauptstrasse dieser Richtung Rheinfelden folgen. Rechts am Waldrand, an die Flanke des Berges gelehnt, die markanten Gebäude der Brauerei Feldschlösschen. Links neben der Hauptstrasse liegt das Areal der Brauerei zum Cardinal. Bei der Strassengabelung bisherige Richtung beibehalten und bei der Verkehrsampel vis à vis Hotel Bahnhof südwärts zur Station *Rheinfelden.* Die Wanderung dürfte aber nicht abgeschlossen werden, ohne der malerischen Rheinstadt (Näheres über Rheinfelden S. 67) einen Besuch abzustatten.

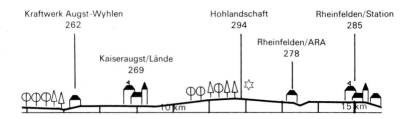

| Kraftwerk Augst-Wyhlen | | Hohlandschaft | Rheinfelden/Station |
| 262 | | 294 | 285 |

2   Rheinfelden–Wallbach–Stein-Säckingen

Nach Besichtigung der malerischen Zähringerstadt Rheinfelden führt die
Wanderung durch ausgedehnte Wälder, meist unmittelbar dem träg da-
hinfliessenden Rhein entlang, streift die prächtig gelegenen Ortschaften
Wallbach und Mumpf und endet im Verkehrsknotenpunkt Stein. Behäbige
Fischerdörfer laden unterwegs zum Verweilen ein.

Route	Höhe in m	Hinweg	Rückweg
Rheinfelden/Station	285	—	4 Std. 35 Min.
Rheinlust	270	25 Min.	4 Std. 05 Min.
Kraftwerk			
Riburg-Schwörstadt	285	1 Std. 25 Min.	3 Std. 10 Min.
Rappertshüseren	290	2 Std. 30 Min.	2 Std. 10 Min.
Wallbach	283	3 Std. 30 Min.	1 Std. 05 Min.
Mumpf/Fähre	286	4 Std.	35 Min.
Stein-Säckingen/Station	311	4 Std. 40 Min.	—

Da die Markierung erst ausserhalb der Stadt *Rheinfelden* (Näheres S. 67)
beginnt, quert man von der Station herkommend vorerst die stark befahrene Rheinstrasse. An der Stadtkriche vorbei in die weitgehend verkehrs-
freie Marktgasse hinuntersteigen. Der Bummel durch die Hauptgasse
(Zoll) mit ihren reich verzierten und sinnvoll bezeichneten Bürgerhäusern
bildet den Auftakt zur bevorstehenden prächtigen Waldwanderung.
Durch das Obertor den geschlossenen Stadtkern von Rheinfelden verlassen. Beim Alten Friedhof rheinwärts halten und auf sehr schön angelegtem Spazierweg unter der Terrasse des alten Salinenhotels durch den
Kurpark mit modernstem Kurzentrum umgehen. Dem Rheinufer folgend
bis zum Steg bei der «Taverne zum Zähringer» in der *Rheinlust*.

◁ Ein prächtiges Ausstellungsstück des Römermuseums
   in Augst: Henkelkanne aus Glas, gefunden in einem
   spätrömischen Grab bei Kaiseraugst (Route 1)

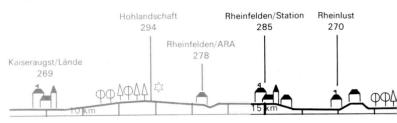

Das Strässchen überqueren und etwas rainaufwärts zum nahen Industrie-
geleise bei der teilweise stillgelegten Saline Rheinfelden, wo heute noch
die heilbringende Sole für den Kurbetrieb gewonnen wird. Das Geleise
nach 300 m wieder rheinwärts verlassen und auf sehr schmalem Pfad zum
Chleigrütgraben hinuntersteigen. Schon wird das Tosen der mächtigen
Wassermassen des Rheins hörbar, befindet sich doch das Stauwehr des
Kraftwerkes Rheinfelden in unmittelbarer Nähe. Abwechslungsreiches
Auf und Ab mit schönem Durchblick auf das Schloss Beuggen am badischen Ufer. Hier hatte der Deutschritterorden bis 1803 eine Kommende.
Seit 1819 besteht in der alten Ordensburg ein Erziehungsheim. Die Kirche
dient der Gemeinde Beuggen - Karsau - Riedmatt als Gotteshaus. Über
den Beuggenboden auf schönem Forstweg durch das Heimeholz zum
Kraftwerk Riburg-Schwörstadt. Dieses Kraftwerk verwertet bei maxima-
ler Wasserführung eine Wassermenge von 1200 m^3/Sek.
Die rheinwärts gelegene prächtige Parkanlage durchschreiten und über
die Holztreppe auf die bewaldete Terrasse über dem Rhein aufsteigen. Die
Mündung der von Möhlin heransprudelnden Bachtele muss grossräumig
umgangen werden, wird das Bächlein bei Hochwasser doch annähernd
300 m landeinwärts zurückgestaut. Über schmalen Pfad, kurz vor dem
Austritt aus dem Walde, rasch absteigend zum Brücklein hinunter, dieses
überschreiten und wieder rheinwärts haltend zur Ruine des spätrömischen Kastells im *Bürkli* aufsteigen. Es wurde, wie die vier römischen
Warten, die unseren Weg von Rheinfelden bis Wallbach säumen, von
Kaiser Valentinian im Jahre 374 als Schutz gegen die anrennenden Alemannen errichtet. Die Feste wurde bis ins frühe Mittelalter hinein als
Wehrbau benutzt. Heute sind noch der mächtige Erdwall, Teile des Gra-
bens und Mauerreste der Toranlage sichtbar.
Aus dem Walde hinaustretend Ausblick auf die Bata-Schuhfabriken und
die Kirche Möhlin. Den Horizont grenzt der Sunnenberg mit Aussichts-
turm ab. Auf breitem Forstweg, immer in Rheinnähe, jedoch nur mit
spärlichen Ausblicken auf diesen, an der Hütte der Fischerzunft Möhlin-
Riburg vorbei bis zur Weggabel bei *Rappertshüseren.* Von der rheinwärts

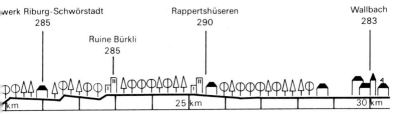

werk Riburg-Schwörstadt   Rappertshüseren   Wallbach
285   290   283

          Ruine Bürkli
          285

in einer kleinen Bucht gelegenen römischen Warte ist nurmehr ein konservierter Mauerwinkel sichtbar. Hier wieder stark rheinwärts halten und unterhalb des Wohnhauses vorbei zum 800 Aren grossen Naturreservat absteigen. Der Strom bildet durch den Stau bei Riburg eine seegleiche Fläche bis gegen Wallbach hinauf. Zahlreiche Wasservögel wie Stockenten, Blässhühner, Haubensteissfüsse, ja auch Reiher und wilde Schwäne bewohnen die Ufer. Der Unterforst selber ist nicht nur einer der grössten, zusammenhängenden Forste der Nordwestschweiz, er gilt ebenfalls als sehr wildreich.

Erneut rheinwärts halten. Von der kleinen Waldlichtung in der Weere, wo sich wiederum Überreste einer römischen Warte befinden, erblickt man jenseits des Ufers das Schloss Schwörstadt. Diese einstige Wasserburg am Ufer des Rheins war Sitz der habsburgischen Lehensmannen von Rheinfelden und von Stein. Das heutige Schloss steht auf den Grundmauern der 1792 abgebrannten Burg und befindet sich immer noch im Besitze der seit 1316 hier residierenden Freiherren von Schönau.

Kurz vor Waldaustritt den westwärts abschwenkenden Forstweg verlassen und den schmalen, dem Rheinufer folgenden Waldlehrpfad benützen.

Im Stelli befinden sich etwas waldeinwärts die mächtigen Grundmauern einer römischen Warte, die der bereits erwähnten Verteidigungskette angehörte. Das Grundgeviert misst 16 × 16 m und wurde auf eine Höhe von 1 m konserviert. Wohltuend wirkt die unvermittelte Weite nach Austritt aus dem Walde. Der Rhein flutet in majestätischer Breite dahin. An blauen Sommertagen schimmert die Fläche wie Seide. Die Ufer sind von alten Flösser- und Schifferdörfern gesäumt. In der Ferne erheben sich die Doppeltürme der Kirche von Säckingen und auf der gegenüberliegenden Seite begrenzen die lieblichen Hügel des Schwarzwaldes den Horizont.

Auf schön angelegtem Fischer- und Spazierweg, zuweilen bei Hochwasser auf die Strasse ausweichend, nach *Wallbach* und immer dicht dem Rhein folgend nach Mumpf. Beide Dörfer verraten, dass sie dank ihrer einzigartigen Lage mehr und mehr vom Tourismus geprägt werden, weisen doch beide stattliche Gasthäuser auf. Bei der Fähre *Mumpf* lohnt sich

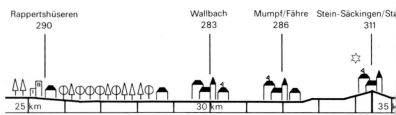

Laufenburg, ein mittelalterliches Grenz- und Brückenstädtchen am Rhein. Blick von badisch Laufenburg auf die Altstadt, die Kirche St. Johann und den Burghügel (Routen 3 und 4)

ein Abstecher zu der geschmackvoll ausgestalteten Pfarrkirche St. Martin, die nur einige Schritte dorfeinwärts liegt. Sie wurde im 17. Jh. erbaut. Der Turm stammt von 1514, der sechseckige Kuppelraum von 1956. Die Ortschaft selber wird 1218 erstmals erwähnt. An der Strasse nach Stein fand man römische Meilensteine. Funde lassen aber darauf schliessen, dass die Gegend schon in vorgeschichtlicher Zeit besiedelt war.

Nun den Campingplatz umgehen, ohne jedoch die stark befahrene Strasse zu betreten und auf solid ausgebautem Uferweg weiter nach *Stein-Säckingen.* Beim Rheinknie zur Strasse aufsteigen und durch die Unterführung zur nahen Station.

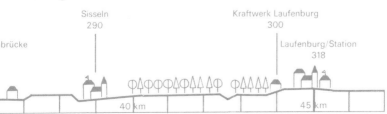

3   Stein-Säckingen – Sisseln – Laufenburg

Kurze, aber eindrückliche Wanderung vom Eisenbahnknotenpunkt Stein-Säckingen ins Habsburgerstädtchen Laufenburg.

Route	Höhe in m	Hinweg	Rückweg
Stein-Säckingen/Station	311	—	2 Std. 30 Min.
Sisseln	290	1 Std.	1 Std. 25 Min.
Kraftwerk Laufenburg	300	2 Std. 15 Min.	15 Min.
Laufenburg/Station	318	2 Std. 30 Min.	—

Stein ist Verkehrsknotenpunkt der Schweizerischen Bundesbahnen. Von der Linie Basel–Zürich zweigt hier die Rheintallinie über Laufenburg nach Koblenz ab.

Von der Station *Stein-Säckingen* durch die Unterführung zur stark befahrenen Hauptstrasse, diese beim Gasthaus Adler (altes Tavernenschild aus dem 18. Jh.) unterqueren und rheinwärts direkt zum Rheinuferweg absteigen. Beim Abstieg Ausblick auf den majestätisch dahinfliessenden Strom mit den lieblichen ehemaligen Flösser- und Fischerdörfern Mumpf und Wallbach und den sanften Hügelwellen des Schwarzwaldes.

Beim Erreichen des Rheinuferweges rheinaufwärts umschwenken. Auf buschbestandenem Pfad zuerst zur modernen Strassenbrücke, die 1979 dem Verkehr übergeben wurde und Stein mit dem Trompeterstädtchen Säckingen verbindet. Weiter zur hölzernen gedeckten *Rheinbrücke.* Diese wurde 1270 erstmals erwähnt, 1570–80 mit Steinpfeilern versehen und nach 1798 teilweise neu erbaut. Ähnliche, gut erhaltene und funktionstüchtige, gedeckte Holzbrücken sind leider auf der ganzen Route von Basel bis Rorschach nur noch zweimal anzutreffen, nämlich diejenige von Rheinau/Schwaderloch und die Brücke in Diessenhofen.

Von der Brücke auf schmalem aber gutem Uferweg weiter zum Stauwehr des Kraftwerkes Säckingen. Unterwegs prächtiger Ausblick auf die Doppelturm-Kirche von Säckingen. Lichtes Ufergebüsch wechselt mit of-

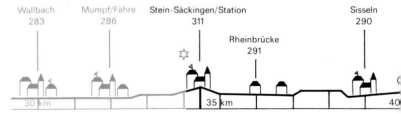

fenem Gelände. Rechterhand liegt das weite Sisselerfeld, auf dem sich
früher ein Flugplatz befand. Heute befinden sich hier mächtige Fabrik-
bauten der chemischen Industrie, dazu das kantonale Zivilschutzzentrum.
Nach Überschreiten der Sissele an der Kläranlage vorbei und, die Fahr-
strasse meidend, *Sisseln* dem Rheinufer entlang umgehen. Die Ortschaft
hat durch die Überbauungen der chemischen Industrie auf dem Sisselerfeld starken Aufschwung erhalten und verfügt heute sogar über ein Hal-
lenbad mit Sauna.
Immer der Hangkante folgend durch den prächtigen Hardwald und
schliesslich zum *Kraftwerk Laufenburg*. Dieses Werk hat eine ganz besondere Stellung als eine der wichtigsten Elektrizitäts-Austausch-Statio-
nen zwischen Deutschland und der Schweiz. Der Rhein wird hier von beiden Seiten stark bedrängt und erreicht auch eine sehr grosse Tiefe. Am
Elektrizitätswerk vorbei zur Strasse aufsteigen und dieser ohne nennens-
werten Richtungswechsel bis zum Stadteingang von *Laufenburg* (Näheres S. 68) folgen. Auf der Höhe des Wasenturms wenige Schritte südwärts zur Station umschwenken. Wer es dagegen vorzieht, dem winkeli-
gen Kleinstädchen sofort einen Besuch abzustatten, schwenkt beim Beginn der geschlossenen Überbauung rheinwärts ab (Wegweiser) und erreicht das Rheinufer und das Stadtzentrum über einen idyllischen Treppenweg.

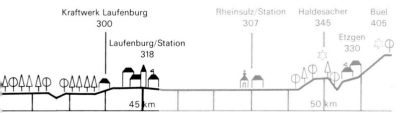

4   Laufenburg–Leibstadt–Koblenz

Abwechslungsreiche Wanderung zum liebliche Fernblicke vermittelnden Rüteberg und zum eindrücklichen Zusammenfluss der beiden Ströme Aare und Rhein.

Route	Höhe in m	Hinweg	Rückweg
Laufenburg/Station	318	–	4 Std. 20 Min.
Rheinsulz/Station	307	40 Min.	3 Std. 40 Min.
Etzgen	330	1 Std. 10 Min.	3 Std. 15 Min.
Schwaderloch/			
Hauptstrasse	314	1 Std. 50 Min.	2 Std. 30 Min.
Leibstadt/Station	313	2 Std. 25 Min.	1 Std. 55 Min.
Full/Jüppen	312	3 Std. 45 Min.	35 Min.
Koblenz/Station	321	4 Std. 20 Min.	–

Bei der Station *Laufenburg* zuerst die Hauptstrasse überqueren und durch das trutzige Wasentor ins Städtchen hinabsteigen. Laufenburg (Näheres S. 68) hinterlässt einen geschlossenen Eindruck als mittelalterliches Kleinod. In der Marktgasse oder bei der Rheinbrücke ostwärts halten und bei den letzten Häusern die Treppe zum Rheinuferweg hinabsteigen. Sehr schön angelegter Spazierweg direkt am hier sehr ruhig fliessenden Rhein bis nach Rheinsulz. Hier mit dem Fahrweg zum Bahndamm umbiegen und diesem bis zur Hauptstrasse folgen.

Bei der *Station Rheinsulz* Strasse und Bahnlinie queren. Wenige Meter abseits der Wanderroute liegt die St. Margaretha-Kapelle. Diese war das erste Gotteshaus der Talschaft und stammt aus dem 11. Jh. An der Station und einem Fabrikgebäude vorbei dem nahen Walde zustreben, immer der Bahnlinie folgend. Leicht ansteigend zum *Haldesacher,* wo beim Austritt aus dem Walde der Rückblick auf das geschlossene Stadtbild Laufenburgs überrascht. Das offene Gelände leicht absteigend queren und 100 m nach erneutem Waldeintritt talwärts in kaum erkennbaren Pfad

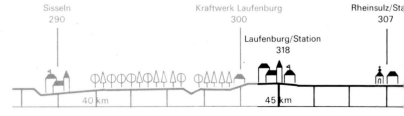

Sisseln
290

Kraftwerk Laufenburg
300

Rheinsulz/Sta
307

Laufenburg/Station
318

40 km   45 km

einschwenken. Rasch absteigend zur Strasse Etzgen–Mettau. Diese und den Etzgerbach überqueren und über eine Schafweide am Gegenhang ins Dorf *Etzgen* hinaufsteigen. Dem alten geschlossenen Dorfkern sich einige neuere Hangsiedlungen in prächtiger Wohnlage beigesellt. Der kulturelle Kern des Dorfes liegt an der Bahnlinie im Talgrund und umfasst die 1948 erbaute Bruderklausen-Kapelle und die neue Schulanlage. Leicht ansteigend zur Strassengabelung und nun auf gleicher Höhe zu den letzten Wohnhäusern von Etzgen. Nun in bekiesten Fahrweg einschwenken, der hangaufwärts zum Schützenhaus führt, eingeschlagene Richtung beibehalten bis die Bekiesung zurückbleibt und ein Wiesweg wieder rheinwärts abdreht und zum Aussichtspunkt *Büel* führt. Prächtig ist der Rückblick auf Laufenburg. Jenseits des Rheines liegen die wälderumrahmten badischen Weiler Hochsal und Schachen, während am Horizont die Kirche Görwihl aufragt.

Ebenwegs durch den Wald und dann jäh absteigend zur Hauptstrasse bei *Schwaderloch*. Vorsicht: oft sehr starker Fahrverkehr. Der Strasse 500 m dorfwärts folgen und dann über die Bahnlinie hinweg wieder dem Rhein zudrehen. Beim Zollhaus und Steg nach Albbruck wird das Fahrsträsschen wieder zum Feldweg und führt in grossem Bogen dem Rhein entlang an prächtigen Gemüsekulturen vorbei zur ARA Leibstadt. Hat der mächtige Kühlturm des Atomkraftwerkes Leibstadt die Szenerie schon seit Schwaderloch beherrscht, so gesellen sich jetzt noch die drei Kirchen von Schwaderloch, Albbruck und Leibstadt dazu.

Bei der ARA Leibstadt weiterhin zwischen Rhein und Bahnlinie bleiben, an der Station *Leibstadt* vorbei zum Stauwehr des Kraftwerkes Albbruck-Doggern. Mächtig schiessen hier bei Hochwasser die gewaltigen Wasserfluten über die Schleusen hinweg. Hinweistafeln raten den Badenden, die bei plötzlichem Hochwassereinbruch aufheulenden Warnsignale genau zu beachten und sofort das Ufer aufzusuchen. Von der Dammkrone beim Zoll *Bernau* aus wirkt der Blick auf den Kühlturm des im Bau befindlichen Atomkraftwerkes Leibstadt noch eindrücklicher. Ein eigenartiger Gegensatz zur idyllischen Ruhe des gestauten Rheins, auf dem sich Dutzende

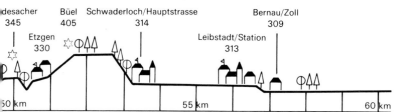

von Schwänen tummeln. Grenzsteine im Grüt und bei der Bernauer Loretto-Kapelle weisen auf eine Besonderheit dieser Gegend hin. Sie zeigen auf der einen Seite das Wappen von Baden und auf der andern den österreichischen Adler. Von 1415 bis 1803 bildete der Dorfbach von Leibstadt die Grenze zwischen dem neuen eidgenössischen Untertanengebiet, der Grafschaft Baden, und dem österreichischen Fricktal. Auf dem Rheindamm am Atomkraftwerk vorbei und kurz vor der Bahnüberführung rheinwärts in den schmalen Pfad einschwenken, der in den schönen Rheinuferweg einmündet, welcher um das Fullerfeld zum Zusammenfluss von Rhein und Aare führt. Der eigenartigen Gegensätze sind kein Ende: hier die Schwefelsäurefabrik, dort die beinahe ursprünglich erhaltene bäuerliche Streusiedlung Full, jenseits des mächtigen Rheins das geschlossene Bild der Stadt Waldshut. Waldshut wurde 1249 vom Grafen Albrecht von Habsburg gegründet. Es trotzte sowohl den Eidgenossen und überstand auch den Dreissigjährigen Krieg unversehrt. Zusammen mit Laufenburg, Säckingen und Rheinfelden zählt es zu den ehemals vorderösterreichischen Waldstätten.

An den Häusergruppen von *Chloster* und Fahrhüser vorbei zur Fähre *Full/Jüppen,* die noch heute nach Waldshut hinüberführt. Immer dicht am Rhein bis zur Station *Felsenau,* auf der grossen Strassenbrücke die Aare überqueren. Unfassbar sind die Kräfte der hier aufeinander prallenden Wassermassen. Stundenlang könnte einen das Gurgeln und Quirlen der sich vereinenden Flüsse verweilen. Auf der Hauptstrasse bis zur Strassengabelung und dann zur Station *Koblenz* einschwenken. Koblenz teilt kirchlich und politisch die Geschicke des nahe gelegenen Klingnau. Der Name geht auf das lateinische Confluentes (Zusammenfluss von Aare und Rhein) zurück. Eine besondere Bedeutung kommt Koblenz heute als Grenzort zu, wird doch ein grosser Teil des Verkehrs aus dem Raume Brugg–Baden–Zürich durch den Zoll nach Waldshut und weiter in den südbadischen Raum geschleust.

Die Marktgasse in der 850jährigen Zähringer- ▷
stadt Rheinfelden (Routen 1 und 2)

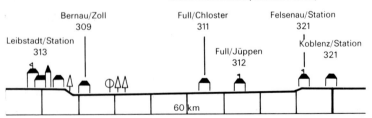

5 Koblenz–Zurzach–Kaiserstuhl

Vom Grenzort Koblenz zur Kur- und Bäderstadt Zurzach und dem Rhein entlang zur kleinsten Stadtgemeinde des Aargaus, zum malerischen Städtchen Kaiserstuhl.

Route	Höhe in m	Hinweg	Rückweg
Koblenz/Station	321	—	5 Std. 25 Min.
Römerwarte	334	45 Min.	4 Std. 40 Min.
Zurzach/Zollhaus	321	1 Std. 35 Min.	3 Std. 50 Min.
Zurzach/Schloss	330	2 Std. 05 Min.	3 Std. 20 Min.
Kraftwerk Reckingen	333	3 Std.	2 Std. 25 Min.
Rümikon/Pt. 342	342	3 Std. 45 Min.	1 Std. 40 Min.
Kaiserstuhl/Brücke	339	5 Std. 10 Min.	15 Min.
Weiach-Kaiserstuhl/Station	368	5 Std. 25 Min.	—

Von der Station *Koblenz* zuerst 400 m auf der stark befahrenen Verbindungsstrasse Klingnau–Zurzach nordwärts. Am Fusse des Frittelwaldes wechselt ein Fussweg auf die andere Seite der Bahnlinie. Diesem dem Waldsaum entlang folgen. Bahnlinie von Waldshut her unterqueren und sofort rheinwärts halten. Zurzacher Linie queren und längs der auf hohem Viadukt liegenden Waldshuter Linie rheinwärts ins Zentrum von Koblenz. Der vom lateinischen Confluentes abgeleitete Name bezieht sich auf den Zusammenfluss von Aare und Rhein. Koblenz ist dazu eine wichtige Verkehrsdrehscheibe: von der Rheintal-Bahnlinie zweigen hier die Schienenstränge nach Baden und Brugg einerseits und nach Waldshut–Basel andererseits ab. Die nahe, 1959 erbaute Pfarrkirche ist der hl. Verena geweiht. Die Hauptstrasse queren und vorerst durch prächtigen Park, später durch Wald rheinaufwärts. Der Fluss gebärdet sich hier besonders wild. Darum gilt die nun folgende Partie auch als eines der schönsten Beispiele eines freiströmenden Gewässers.

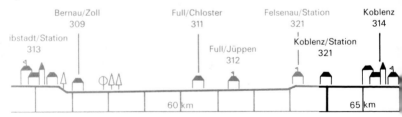

Am Ausgang des Uferwäldchens befinden sich die Ruinen einer einstigen *Römerwarte*. Die Warte stammt aus dem 4. Jh., weist ein Grundgeviert von 8×8m auf und wurde auf 2 bis 4m Höhe konserviert. Der Wachtturm gehörte einst zu dem von Kaiser Valentinian erstellten Verteidigungswerk gegen die Alemannen, aus welchem sich heute allein zwischen Basel und Zurzach 23 Bauten nachweisen lassen. Nun auf breiterem Forstweg, immer dicht dem schäumenden Rhein – hier Koblenzer Laufen genannt – folgend um den Laubberg herum. Von der badischen Seite her mündet die weite Gebiete des Schwarzwaldes entwässernde Wutach.

Nun wird auch der Arm eines einstigen Rheinteilstückes überquert. Beim Waldaustritt unvermittelt prächtige Sicht auf Rietheim am Fusse des Acheberges und auf die dominierenden Gebäude der Rheumaklinik und des Thermalbades von Zurzach. Immer dem Rhein folgend das weite Rifeld umgehen. Die Entstehung des Rifeldes ist dem Koblenzer Laufen zu verdanken, der sich ursprünglich am Riegel Laubberg-Homburg zum See aufstaute. Nach Durchdringung der Felsplatte verlandete der Seeboden. Sumpfige Stellen blieben aber zurück (Riet = sumpfiges Gelände). Spätere Bodenabsenkungen stammten dagegen von der Auslaugung der grossen Salzvorkommen.

Beim *Zollhaus* führt eine Fähre nach dem ländlich lieblichen Kabelburg hinüber. Im Unterfeld stehen die Zeugen der einstigen Salzgewinnung, die Bohrtürme. Die Schweizerische Sodafabrik hatte sie in den Jahren ab 1916 erbauen lassen. Heute sind sie für die einen hässliche Industrierelikte, für andere kulturhistorisch bedeutsame Wahrzeichen. An deren Zukunft scheiden sich die Geister. Sicher ist aber, dass einige dieser Türme der Nachwelt erhalten werden sollen, vielleicht sogar als Salinen-Museen.

Über die Rheinpromenade an den Fuss des Parks, der das *Schloss Zurzach* beherbergt (Näheres über Zurzach S. 70). Ein Abstecher ins alte Bäderstädtchen, das zur Römerzeit unter dem Namen Tenedo eine wichtige Grenzfunktion innehatte, lohnt sich sehr.

Immer der Promenade folgend die Brücke nach Rheinheim unterqueren.

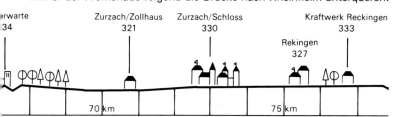

rwarte 34 · Zurzach/Zollhaus 321 · Zurzach/Schloss 330 · Rekingen 327 · Kraftwerk Reckingen 333 · 70 km · 75 km

Schöner Ausblick auf die gotische Häusergruppe und Kirche von Rheinheim. Das geheizte Freibad von Zurzach, direkt am Wanderweg, lädt zur
Erfrischung ein. Vor uns die grosse Anlage der Schweizerischen Sodafabrik, die annährend den gesamtschweizerischen Bedarf abdeckt. Durch
prächtige Birken- und Eschenalleen dicht dem Rhein entlang nach
Rekingen. Mächtig ragen jetzt die Gebäude der Zementfabrik Mellikon
auf.
Auf sehr schmalem Hangweg weiter zum Stauwehr des *Kraftwerkes
Reckingen.* 250 m rheinaufwärts wieder den Fahrweg benützen, der allmählich in einen Pfad überläuft. Beim ehemaligen Schwimmbecken im
Meienried die Mündungsbucht eines Bächleins umgehen und rheinwärts
haltend zu der Neusiedlung im Rizelg aufsteigen. Beim letzten Haus direkt ins Uferwäldchen halten. Dem sehr schmalen Waldweg an abschüs-
sigem Rheinufer folgen, der kurz vor der Mündung des Tägerbaches unvermittelt zum Wasser hinunterführt.
Über die Brücke und später am Rande des Ufergebüsches, zuweilen pfadlos, durch die Wasseräcker, weiter bis *Rümikon.* Obwohl hier heute niemand mehr hauptberuflich als Fischer tätig ist, geniesst Rümikon einen
guten Ruf als Fischerdorf. Ebenso beachtenswert ist aber auch die mit
Wandmalereien von Willy Kaufmann prächtig geschmückte St. Anna-
Kapelle. Wo die Hauptstrasse hart ans Rheinufer führt, zum Hotel Engel
und zur Kapelle aufsteigen. Hier in östlicher Richtung dem Strässchen
folgen, das am Friedhof vorbeiführt, Bahnlinie queren und bei der Weg-
gabelung gleiche Richtung beibehalten. Das Strässchen folgt mit unter-
schiedlichen Abständen der Bahnlinie. 250 m nach der Unterführung zum
Leisihof, die wir links liegen lassen, zweigt ein Feldweg rheinwärts ab;
diesem folgen. Bahnlinie queren und in der Nähe der ehemaligen, unter
Bundesschutz stehenden *Römerwarte* im Sandgraben die Hauptstrasse
überschreiten und direkt an den Saum des Uferwäldchens halten. Erst zuweilen pfadlos, dann auf dem Fahrweg immer auf der Terrasse oberhalb
des Rheinbordes, vorbei an der Stätte, wo die Burg Schwarzwasserstelz
gestanden hat. Gottfried Kellers Novelle «Hadlaub», die das Leben der

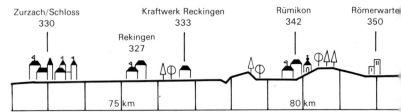

| Zurzach/Schloss | Kraftwerk Reckingen | Rümikon | Römerwarte |
| 330 | 333 | 342 | 350 |

Ländliche Ruhe und Wohlhabenheit strahlen die behäbigen Bauernhäuser von Rüdlingen aus. Im Hintergrund Kirche Buchberg und Hurbig (Routen 6 und 7)

Minnesängerzeit schildert, spielt zum Teil auf diesem Schlösschen. Die bis 1831 bewohnte Burg auf der kleinen Insel im Rhein wurde 1875 abgebrochen und ist heute durch einen Bunker überbaut.

Am gegenüberliegenden Hang sind die Ruinen der Burg Weisswasserstelz auszumachen. Diese wird im 12. Jh. erstmals erwähnt und befand sich ebenfalls im Besitze der Freiherren von Wasserstelz, eines Dienstadelsgeschlechtes des Klosters Reichenau.

Der Fahrweg führt in grossem Bogen um die Mündung des Fisibaches herum, am Gehöft Böliboden vorbei und steigt schliesslich zum Rheinuferweg ab. Auf diesem zur Brücke *Kaiserstuhl* (Näheres S. 71). Durch die Hauptgasse des engen, malerischen Städtchens emporsteigen. Bahnlinie überqueren und ostwärts halten. Bei der Einmündung in die Hauptstrasse betritt man den Kanton Zürich. 500 m auf dem Trottoir der Hauptstrasse folgen zur Station *Weiach-Kaiserstuhl.*

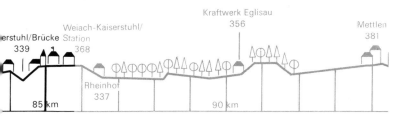

6   Kaiserstuhl – Eglisau – Rüdlingen

Aus dem mittelalterlichen Städtchen Kaiserstuhl über die aussichtsreichen Höhen des Buchberges ins malerische Bauerndorf Rüdlingen.

Route	Höhe in m	Hinweg	Rückweg
Weiach-Kaiserstuhl/			
Station	368	—	3 Std. 45 Min.
Kraftwerk Eglisau	356	1 Std. 10 Min.	2 Std. 30 Min.
Eglisau/Brücke	355	2 Std. 15 Min.	1 Std. 25 Min.
Hurbig	546	3 Std. 25 Min.	30 Min.
Buchberg/Kirche	476	3 Std. 30 Min.	20 Min.
Rüdlingen/Post	360	3 Std. 45 Min.	—

Von der Station *Weiach-Kaiserstuhl* der Bahnlinie ostwärts bis zum Bahnübergang folgen. Nun auf dem Fahrsträsschen in grossem Bogen zum Rheinufer absteigen, das man in der Nähe des Rheinhofes erreicht. Schöner Blick auf die nach einem Brande 1954 wieder aufgebaute Kirche von Hohentengen. Untersuchungen am Gebäude lassen darauf schliessen, dass diese bereits im 8. oder 9. Jh. entstanden sein muss. Sie war eine der ersten Kirchen am Oberrhein und unter andern Ortschaften waren ihr auch die Gläubigen von Glattfelden, Weiach und Kaiserstuhl zugewiesen. Nicht versäumt werden sollte der kurze Abstecher in das nahe, mittelalterliche Städtchen *Kaiserstuhl* (Näheres S. 71), das rheinabwärts über die Uferpromenade erreicht wird.

Vom *Rheinhof* dem Fahrweg über den Chaibengraben folgen, der seinen Namen seiner Funktion als Tierfriedhof zur Zeit der Franzosenwirren von 1799 verdankt. Der nun folgende Hangweg ist stellenweise sehr schmal und wird von Gebüsch stark eingeengt. Immer der Hangkante folgen, ohne auf- oder absteigenden Querverbindungen Beachtung zu schenken. Beim Austritt aus dem Hardwalde auf der Zufahrtsstrasse zum Maschinenhaus des *Kraftwerkes Eglisau* hinuntersteigen. Dicht neben den Kraft-

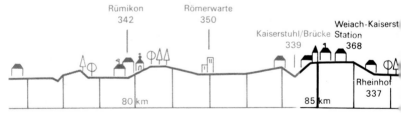

werksgebäuden liegt das 1966 ausgegrabene und konservierte Mauerviereck einer römischen Warte aus der valentinianischen Verteidigungskette.
Ein weiterer Zeuge früherer Zeiten, die Überreste der 1410 durch den Bischof von Konstanz zerstörten Stammburg der Lehensherren von Rheinfelden, welche auf einem Hügel zwischen Rhein und Glatt stand, liegt unter den Fluten des Rheinstaus begraben.
Den Durchgang im Maschinenhaus benützen und bei den ersten Häusern von *Rheinsfelden* Strasse und Bahnlinie aufsteigend queren. Unmittelbar nach dem Bahnübergang der Bahnlinie bis zum nächsten Übergang folgen. Hier wieder auf die Rheinseite wechseln und auf schmalem Weg, immer ostwärts, zur Strasse absteigen. Einige Schritte rheinabwärts führt eine Treppe zum Rheinuferweg. Vorerst dem Ufergebüsch entlang, später dem Waldrand folgend zur weithin sichtbaren, hochaufragenden Eisenbahnbrücke der Linie Winterthur–Schaffhausen. Unter der Brücke hindurch und das steile Rheinbord hinauf. Hierauf wieder dem Waldsaum folgen bis *Mettlen.* Von da auf der Strasse zur *Brücke Eglisau.* Prächtige Aussicht auf das schöne Landstädtchen, das sein geschlossenes Stadtbild bis heute bewahrt hat (Näheres über Eglisau S. 72).
Von der Brücke aus zunächst stadtwärts zur Kantonalbank ansteigen. Hier westwärts umbiegen, aber schon 100 m danach weist ein gelber Wegweiser Richtung Rebberg. Den Reben entlang bis zu den letzten Einfamilienhäusern und über Zickzackweg, Fahrsträsschen und Fahrweg immer bergwärts zum Hügelrücken, dem *Galgenbuck,* einer ehemaligen Richtstätte, aufsteigen. Hier weitet sich die Rundsicht: In der Tiefe lugt noch der Helm der Kirche Eglisau hervor. Etwas über dem Städtchen der bäuerliche Weiler Wiler mit seinen Riegelbauten. Westwärts der Rhein mit Hohentengen und Kaiserstuhl und im Norden die Dörfer des Rafzerfeldes. Dann führt der Weg auf die Nordseite des Hügels und steigt anschliessend zu einem Gehöft hinauf, das hart an der Schaffhauser Grenze liegt. Am Hof vorbei und stetig steigend zur Honegg. Dem Wald entlang etwas absteigen und stets in gleicher Richtung dem Rand der fruchtbaren Hochebene folgen.

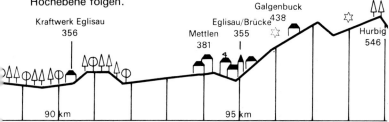

Unvermittelt öffnet sich ein gänzlich neuer Ausblick. Rheinwärts geht der Blick über das zur Gemeinde Rüdlingen gehörende Steinenkreuz und das deutsche Nack Richtung Neuhausen. In der Ferne bilden Hohentwiel und Hofenstoffeln die markanten Punkte. Jenseits des Rheines das stattliche Dorf Flaach in der Thur-Ebene und der markante Rücken des Irchel. Zwischen Irchel und Rinsberg ahnt man die Mündung der tief eingeschnittenen Töss. Beinahe pausenlos setzen riesige Kursflugzeuge zur Landung im nahen Flughafen Zürich-Kloten an.

Oberhalb Buchberg 100 m das Strässchen benützen, dann vorerst nordwärts, anschliessend ostwärts zum bewaldeten höchsten Punkt der ganzen Wanderroute, dem *Hurbig,* zustreben. Beim Reservoir der Gemeinde Buchberg führt ein schmaler Weg den steilen Abhang hinunter. Durch ein Neuquartier zur alleinstehenden *Kirche Buchberg,* wo abermals eine prächtige Aussicht für alle Mühen der Wanderung lohnt. Die 1849 erstellte und nach dem Brand im Jahre 1972 in gleichem Stil wiedererstellte Kirche dient sowohl Buchberg als auch Rüdlingen als Gotteshaus. Hinter der Kirche das kleine Strässchen benutzen, das sich über Chapf und durch ein bewaldetes Tobel ins Dorfzentrum von *Rüdlingen* hinunterzieht. Dieser bäuerliche Ort mit seinen stattlichen Riegelhäusern, den bekannten Gaststätten und den gepflegten Rebgärten bildet mit seiner Lieblichkeit einen wohltuenden Gegensatz zur Strenge der bisher durchwanderten Städtchen. Etwas rheinabwärts liegt die Lände, von wo aus Schiffsfahrten nach Eglisau und nach Rheinau durchgeführt werden.

Blick aus den Rebbergen auf das verträumte ▷
Landstädtchen Eglisau im Zürcher Weinland
(Route 6)

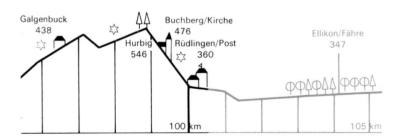

7 Rüdlingen – Rheinau – Rheinfall – Schaffhausen

Grenzüberschreitende Wanderung dem Rheinufer entlang zur ehemaligen Klosterpropstei Rheinau und weiter an den Fuss des weltberühmten Rheinfalles und über sehr schön angelegte Uferpromenaden in die malerische Munotstadt.

Route	Höhe in m	Hinweg	Rückweg
Rüdlingen/Post	360	—	5 Std. 30 Min.
Ellikon/Fähre	347	55 Min.	4 Std. 30 Min.
Balm/Rebstock	390	1 Std. 45 Min.	3 Std. 45 Min.
Schwaderloch/Brücke	354	2 Std. 15 Min.	3 Std. 10 Min.
Rheinau/Kloster	358	2 Std. 35 Min.	2 Std. 50 Min.
Kraftwerk Rheinau	370	2 Std. 50 Min.	2 Std. 35 Min.
Nohl/Steg	360	4 Std. 10 Min.	1 Std. 20 Min.
Rheinfall	359	4 Std. 30 Min.	1 Std.
Schaffhausen/Bahnhof	404	5 Std. 30 Min.	—

In nördlicher Richtung das Dorf *Rüdlingen* mit seinen zahlreichen schmucken Riegelbauten verlassen. Auf leicht rheinwärts haltendem Strässchen unter der Umfahrungsstrasse hindurch aufs freie Feld. Dem Rheinbord auf der Terrasse bis zu einer Scheune flussaufwärts folgen. Bei der Scheune das Rheinbord hinunter an die alten Wasserläufe des Rheines. Diese wurden durch Korrektionen von 1881 bis 1897 durch zwei Inseln vom heutigen Strombett getrennt. Die untere Insel steht seit 1924 unter Naturschutz und darf nicht betreten werden. Sie beherbergt einige Fischreiherkolonien, aber auch seltene Arten der Wasser- und Uferflora. Zwischen oberer und unterer Insel auf dem schmalen Dammweg, der sich dicht dem Stromlauf des Rheins entlangzieht. Durch Auenwald rheinaufwärts, an Tümpeln und schilfbestandenen Sümpfen vorbei. Am gegenüberliegenden Ufer die Mündung der Thur.

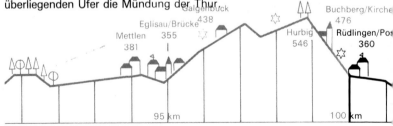

Galgenbuck

Buchberg/Kirche 476

Eglisau/Brücke 438

Hurbig 546

Rüdlingen/Post 360

Mettlen 355
381

95 km

100 km

Dieser Weg kann bei Hochwasser nicht begangen werden, da er stellenweise überflutet wird. In diesem Falle auf dem in Rüdlingen eingeschlagenen Strässchen verbleiben und 150 m vor dem Eintritt in den Eggholzwald auf gutem Fahrweg rheinwärts halten. Ungefähr 600 m oberhalb der Thurmündung treffen die beiden Wegvarianten wieder zusammen.

Auf schönem Spazierweg weiter bis zur *Fähre Ellikon,* die sich direkt an der schweizerisch-deutschen Grenze befindet. Ellikon war einst wichtiger Umschlagplatz vom Land- auf den Wasserweg. Eine besondere Blütezeit erlebte es, als Zürich zur Umgehung des Schaffhauser Zolls das aus dem Salzkammergut an den Bodensee gelieferte Salz in Stein am Rhein oder Diessenhofen ausladen und über Marthalen nach Ellikon bringen liess. Die Route wird heute noch mit dem Namen «Salzweg» bezeichnet. Der grösste Teil des Salzes ging dann rheinabwärts bis Eglisau und von dort zu Land nach Zürich und der Innerschweiz.

Ohne Zollformalitäten (Näheres S. 90) in gleicher Richtung auf deutschem Boden rheinaufwärts, vorerst über eine Waldlichtung, dann immer in Rheinnähe, durch den prächtigen Hardtwald. Die bei Hochwasser erforderliche Wegwahl, etwas weiter waldeinwärts, ist zuverlässig markiert. Der Fahrweg steigt nun auf die untere Terrasse auf und folgt dem Waldrand. Nach der grossen Obstplantage landeinwärts zum Strässchen umschwenken und auf diesem nach *Balm.* Das Dörfchen gehörte einst zum nahen Kloster Rheinau. Unterhalb des Dörfchens ist noch der mit Gras überwachsene Schlossbuck auszumachen. Hier stand einst die Raubburg der Grafen von Sulz. Die erhöhte Lage gestattete es, den Rhein genau zu kontrollieren und darauf die Kaufmannsschiffe abzufangen und auszuplündern. 1449 wurde die Burg von den darob erbosten Schaffhausern gestürmt. Das dabei erbeutete «Chüngili» (Königsglöcklein) befindet sich heute im Museum Allerheiligen.

Den Weiler bis zum Gasthaus Rebstock durchschreiten. Hier, vor Überquerung des Bachtobels, direkt rheinwärts haltend wieder auf den Uferweg hinuntersteigen und flussaufwärts dem schön angelegten Spazier-

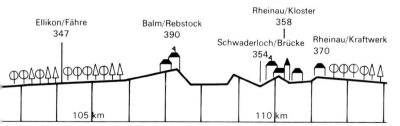

Ellikon/Fähre
347

Balm/Rebstock
390

Rheinau/Kloster
358

Schwaderloch/Brücke
354

Rheinau/Kraftwerk
370

105 km   110 km

weg bis zum Badeplatz Jestetten folgen. Am gegenüberliegenden Ufer befinden sich die Tunnels des Wasserausflusses des Kraftwerkes Rheinau. Die genützten Wasser umgehen so die Rheinau-Schleife. Bei Hochwasser wird empfohlen, in Balm der Strasse bis jenseits des Bachtobels zu folgen, dann an der Disco vorbei auf verwachsenem Grasweg langsam rheinwärts abzusteigen. Bei der Brücke über den Volkenbach treffen die beiden Wege wieder zusammen.

Nun zur Strasse Jestetten–Rheinau aufsteigen und auf dieser zur Holzbrücke im *Schwaderloch* (Zoll) hinuntersteigen. Die aus dem Jahre 1804 stammende, gedeckte Brücke überschreiten, den Schweizer Zoll passieren und bei den Gasthäusern 50 m der Hauptstrasse folgen. Hier den kleinen Treppenweg einschlagen, der ins Strässchen mündet, das die ganze Landzunge der Rheinau durchquert. Kurz vor der Post wieder hangwärts direkt das ehemalige *Kloster Rheinau* (Näheres S. 73) ansteuern. Nach kurzem Abstieg bei den ersten Klostergebäuden südwestwärts umbiegen. Am Fusse des Rebberges, wo der anerkannt gute Chorbwein wächst, zum *Kraftwerk Rheinau.* Auf dem Treppenweg oberhalb des Turbinenhauses vorbei gegen den Wald und in den vom Werk erstellten abwechslungsreichen Hangweg halten. Abzweigungen ans Ufer oder auf die Terrasse meiden. Den Höllbach überschreiten. Von Röti und *Mettliwiese* prächtiger Ausblick auf die bewaldete Halbinsel Schwaben und beim Waldaustritt auf die Häuser von Dachsen und auf die am jenseitigen Steilhang liegenden Häuser von Nohl.

Im Härdli in spitzem Winkel zum Waldrand absteigen und diesem bis kurz vor die Kläranlage folgen. Unterhalb des Fabrikareals auf den unmittelbar dem Rhein entlang führenden Fischerweg hinuntersteigen. Am Schwimmbad von Dachsen vorbei zum Steg, der zum ebenfalls zürcherischen *Nohl* hinüberführt. Das ehemalige Fischerdörfchen, das direkt an badisches Gebiet angrenzt, war bis 1956 mit einer Fähre mit Dachsen verbunden. Dann wurde der Fährbetrieb durch einen Fussgängersteg ersetzt. Erhalten hat sich aber der Brauch, dass die nach Laufen kirchgenössigen Nöh-

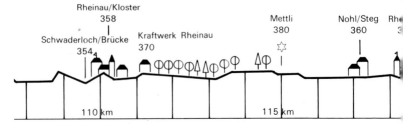

Abendämmerung in Schaffhausen: Rhein, Unterstadt und Munot (Routen 7 und 8)

lemer ihre Täuflinge und Toten zu Fuss über den Steg dorthin bringen, obwohl eine Fahrroute über Neuhausen–Flurlingen bestünde.
Durch das Dörfchen und das Fischerhölzli, in dem die Ruine eines alten Turmes liegt, der wohl der Verkehrsregelung auf dem Rhein gedient hat, zu den grossen Autoparkplätzen beim *Schlösschen Wörth* (Näheres S. 74). Auf der Uferpromenade direkt an den Fuss des mächtig tosenden *Rheinfalles* (Näheres S. 74). Über den Treppenweg und unter der 1856/57 erbauten Rheinfallbrücke hindurch zur Kläranlage Röti und von hier weiter, immer auf schöner Uferpromenade dem Flussufer entlang, an der *Flurlingerbrücke* vorbei, zum Kraftwerk Schaffhausen. Dieses auf der Strasse umgehen, bei der Fussgängerunterführung die Hauptstrasse unterqueren und am Obertor vorbei zum Bahnhof *Schaffhausen* (Näheres über Schaffhausen S. 75).

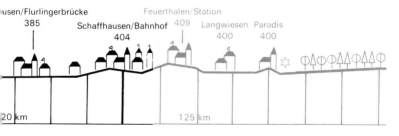

8 Schaffhausen-Diessenhofen-Stein am Rhein

Prächtige Wanderung aus der Munotstadt Schaffhausen ins ebenso malerische Stein am Rhein. Diese Route gilt als eine der schönsten Flussuferwanderungen überhaupt. Der Flusslauf ist weitgehend natürlich, dazu säumen viele bauliche Kleinode den Weg.

Route	Höhe in m	Hinweg	Rückweg
Schaffhausen/Bahnhof	404	—	5 Std.
Feuerthalen/Station	409	20 Min.	4 Std. 45 Min.
Paradis	400	55 Min.	4 Std. 05 Min.
Diessenhofen/Brücke	397	2 Std. 30 Min.	2 Std. 35 Min.
Schupfi	400	3 Std. 20 Min.	1 Std. 45 Min.
Rheinklingen	408	3 Std. 50 Min.	1 Std. 15 Min.
Propstei Wagenhausen	400	4 Std. 45 Min.	15 Min.
Stein am Rhein/Station	413	5 Std.	—

Vom Bahnhof *Schaffhausen* (Näheres über Schaffhausen S. 75) quer durch die malerische, an baulichen Denkmälern ausserordentlich reiche Altstadt, immer den Hinweisschildern nach der Schifflände folgen. Über die Rheinbrücke ins zürcherische Feuerthalen, rheinwärts durch die Bahnunterführung zur *Station Feuerthalen*. Auf dem Trottoir längs der Staatsstrasse zum Strandbad *Langwiesen*. Wer den Hartbelag meiden möchte, benützt bis zur Station Langwiesen den Zug. Dort gegen den Rhein hin absteigen. Prächtiger Rückblick auf die Munotstadt über dem Rhein. Bei Hochwasser ist der Staatsstrasse bis zur Abzweigung der Paradisstrasse zu folgen. Einer Pappelreihe entlang bis zum Gasthof Kreuz, dann der Aussenmauer folgend zum ehemaligen Klostergut *Paradis* (Näheres S. 76). Nun befindet man sich bereits auf thurgauischem Boden. Zwischen Kirche und Stallgut das Klostergut rheinwärts verlassen, über

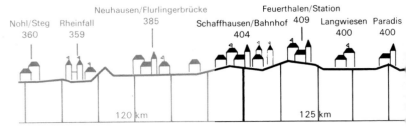

das Feld zu dem von der naturforschenden Gesellschaft Schaffhausen
betreuten Schutzgebiet Petri. Das Schutzgebiet, welches zahlreichen
Wasservögeln Lebens- und Brutgebiet ist, umgehen, und auf dem Fussweg längs des Rheins zur sogenannten Verlobungsbucht. Über das
Brücklein in den Schaarenwald und zum vielbesuchten Zeltplatz *Schaa-
ren* mit Spielwiese und angrenzendem Naturschutzgebiet.
Auf der gegenüberliegenden Uferseite das teils hinter Baumbeständen
verdeckte badische Strassendorf Büsingen, das gänzlich vom Kanton
Schaffhausen umschlossen wird.
Teils zwischen dem Waldpark und dem Riedstreifen, dann wieder im Wal-
desinnern, schliesslich auf der Böschungsbank des Rheins den Schaarenwald durchwandern. Nach dem Waldaustritt auf Feldweg zum Uferge-
hölzstreifen und diesen bei einer kleinen Holzhütte rheinwärts durchqueren. Auf der gemauerten Rheinböschung unmittelbar dem Ufer folgend
zum ehemaligen *Kloster St. Katharinental* (Näheres S. 76). Klosterkirche,
Kornhaus, Konventgebäude und Amthaus können besichtigt werden.
Wieder dem Rheinufer folgen. An schattigen Pappeln und alten Kasta-
nien vorbei und nach der Überquerung des Geisslibachs wieder rheinwärts haltend zur Schifflände und zur hölzernen, 1816 erstellten Holzbrücke von *Diessenhofen* (Näheres S. 77). Ein Abstecher in das gut erhaltene Städtchen mit seinen Sehenswürdigkeiten ist sehr empfehlenswert.
Vom Schweizer Zoll an der Rheinbrücke dem Ufer entlang weiter, am sogenannten Tröckni- oder Henkiturm vorbei, welcher auf die ehemalige
Tuchfärberei hinweist. Durchs Strandbad hindurch und nun längere Zeit
unmittelbar dem Rhein folgen. Auf dem gegenüberliegenden Ufer liegt an
der Einmündung des Schleifenbachs die malerische Gebäudegruppe mit
Mühle und Kapelle St. Niklaus. Beim Campingplatz auf schmalem Fi-
scherweglein zum *Gasthaus Schupfi,* einem jüngst renovierten Fachwerkbau, einem Schmuckstück an unserem Wanderweg. Der Rastplatz
unten am Wasser sucht seinesgleichen.
Auf neuem, gut angelegtem Weg, nur zuweilen von einigen privaten

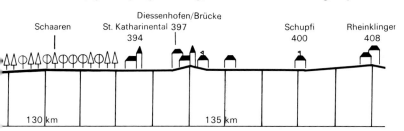

Grundstücken landeinwärts abgedrängt, rheinaufwärts dem Ufer folgen. Bei der Einmündung der Biber erkennen wir das prächtige, an den Strom gebettete Hofgut Bibermüli, einen ehemaligen Vogteisitz, der sich heute in Privatbesitz befindet und dank glücklicher Zusammenarbeit von Bund, Kanton Schaffhausen, den Gemeinden Stein am Rhein und Ramsen sowie des Heimatschutzes vor dem Zerfall gerettet werden konnte. Am Horizont erheben sich die markanten vulkanischen Burghügel Hohentwiel und Hohenstoffeln.

In grossem Bogen schwenkt unser Weg zum entzückenden Dorf *Rheinklingen* mit seinen prächtigen Rieghäusern hinauf. Bei der Strassengabel in der Ortsmitte das Dorf auf gutem Fahrweg wieder rheinwärts verlassen. Sobald sich der Uferwald unmittelbar an den Rhein heranschiebt, ist die Waldzunge aufwärtssteigend zu durchqueren. Auf der Terrasse vorerst dem Waldrand entlang, den Wald auf etwa 100 m durchschreiten und gleich danach stark südwärts umschwenken. Über dem Rhein die nur noch dem Güterverkehr dienende Bahnbrücke und die erst 1980 fertig erstellte moderne Strassenbrücke, welche die direkte Verbindung mit Heimishofen ermöglicht. Zu diesen Brücken hin umbiegen und sie nahe der Siedlung Sepling unterqueren. Auf geteertem Strässchen weiter zum Schützenhaus und Campingplatz. Nach 200 m wieder rheinwärts abschwenken und dem Rhein entlang zur *Propstei Wagenhausen* (Näheres S. 79). Prächtiger Blick auf Stein am Rhein, den Wolkensteinerberg und die Burg Hohenklingen. Direkt dem Rhein entlang, dann etwas erhöht weiter zu den ersten linksrheinischen Häusern von *Stein am Rhein* (Näheres S. 79) und nun südwärts haltend in etwa 5 Minuten zur nahen Station. Auch hier wäre es kaum verzeihlich, wenn das einzigartige Kleinod, die Stadt Stein am Rhein, nicht mit einem Besuch beehrt würde.

Der Siegelturm in Diessenhofen, der einzige   ▷
in seiner ursprünglichen Form erhalten gebliebene
Zeitglockenturm des Thurgaus (Route 8)

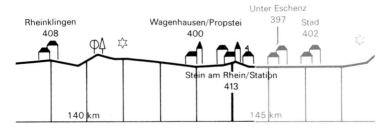

9   Stein am Rhein-Mammern-Steckborn

Kurze, abwechslungsreiche Wanderung an den lieblichen Gestaden des Untersees.

Route	Höhe in m	Hinweg	Rückweg
Stein am Rhein/Station	413	–	2 Std. 45 Min.
Eschenz/Stad	402	25 Min.	2 Std. 20 Min.
Mammern/Station	412	1 Std. 25 Min.	1 Std. 20 Min.
Glarisegg/Schloss	412	2 Std. 15 Min.	30 Min.
Steckborn/Station	404	2 Std. 45 Min.	–

Von der *Station Stein am Rhein* vorerst rheinwärts zur Rheinbrücke absteigen. Auf einen Besuch des malerischen Städtchens (Näheres S. 79) am jenseitigen Rheinufer sollte keineswegs verzichtet werden. 50 m vor der Brücke seewärts halten. Etwas landeinwärts befindet sich die Burg, die Ruine des Römerkastells Tasgaetium, das ums Jahr 300 unter Kaiser Diokletian zum Schutze des Rheinüberganges erbaut worden war. Von den 1901 konservierten Ruinen ist noch der rhombische Grundriss von ca. 90 m Seitenlänge sichtbar, innerhalb welchem sich Kirche und Friedhof befinden. Auf gutem Fahrweg, zwischen Obstplantagen und Schilfgürtel, dem immer breiter werdenden Untersee entlang. Prächtiger Rückblick auf die Giebelreihen des Städtchens Stein am Rhein und auf die Burg Hohenklingen. Wieder auf thurgauischem Boden an der Insel Werd vorbei und zwischen den ersten Häusern von *Unter Eschenz* hindurch. Das Dorf Eschenz rechterhand liegen lassen und auf gutem Fahrweg den Häusern von Stad zustreben.
Unterwegs prächtiger Ausblick zum badischen Oehningen mit dessen ehemaliger Klosteranlage und zum Schloss Oberstaad (heute Schulungszentrum). Diesseits des Sees werden über die Staatsstrasse und Bahnlinie hinweg die Giebel des Gehöftes Halden sichtbar. An den Hängen des

Schönenbergs sind die Gebäulichkeiten des Schlosses Freudenfels zu erkennen. Als erster Besitzer des Schlosses werden die Hohenklingen erwähnt. 1623 kam es nach regem Besitzerwechsel an das Kloster Einsie-
deln und ist mit der dazugehörigen Landwirtschaft noch heute dem Abt
dieses Klosters unterstellt.
Plötzlich schwenkt der Weg zur Hauptstrasse um, überquert diese und
die Bahnlinie. Während der Bodenseerundweg stark hügelwärts ansteigt,
zieht sich unser Weg, immer ostwärts verlaufend, langsam hangwärts
zum Hof *Halden* hin. Von hier nochmals prächtiger Rückblick auf Stein
am Rhein und vorwärts auf das nahe Mammern und den Untersee. Nun
zur Bahnlinie absteigen und dieser zur *Station Mammern* folgen. Von den
grossen Besitzungen der Herren von Mammern ist einzig das Schloss geblieben. Aus der einstigen Burg wurde nach 1866 eine Kuranstalt. Sehenswert sind die ehemalige Schlosskapelle und der grosse Park.
Nach der Station die Bahnlinie queren und beim Hotel Hecht in Mammern
zuerst 350 m der Seestrasse folgen. Unmittelbar vor dem Bahnübergang
das Fahrsträsschen wählen, das der Bahnlinie folgt. Im Spanacker kurz
seewärts abschwenken, jenseits des Ibtobelbaches aber sofort wieder zurück an die Bahnlinie, ohne diese jedoch zu überschreiten.
In *Glarisegg* zur Bahnlinie umschwenken und diese in Richtung Schloss
überqueren. Das Schloss wurde 1772–1774 von Bankier Labhart in Paris,
einem Steckborner Bürger, errichtet. 1902 wurde es zum «Landerzie-
hungsheim Glarisegg» umgewandelt. Von 1907 an wirkte hier auch Otto
von Greyerz als Lehrer. Heute dient das Schloss als Gymnasium.
Hierauf 350 m der Seestrasse folgen. Wo die Bahnlinie auf die Südseite
der Strasse wechselt, den Pfad wählen, der bergwärts der Bahnlinie nach
Steckborn verläuft. Vor den Gebäuden der Nähmaschinenfabrik Bernina
etwas hangwärts ausschwenken und an der Weihermühli vorbei wieder
langsam abwärts zur Bahnunterführung und zur *Station Steckborn*.
Steckborn (Näheres S. 80) ist ein malerisches, beachtenswertes Städtchen, das einen Besuch reichlich lohnt.

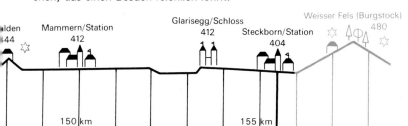

10   Steckborn–Ermatingen–Kreuzlingen

Auf aussichtsreichen Höhen- und Uferwegen dem Untersee und dem Seerhein entlang, mit prächtigem Ausblick auf die Insel Reichenau. Die vielen schmucken Dörfer bereichern die Wanderung, aber auch an landschaftlicher Schönheit hat sie viel zu bieten.

Route	Höhe in m	Hinweg	Rückweg
Steckborn/Station	404	—	4 Std. 10 Min.
Berlingen/Station	403	55 Min.	3 Std. 15 Min.
Mannenbach/Station	400	1 Std. 30 Min.	2 Std. 40 Min.
Ermatingen/Lände	397	2 Std. 05 Min.	2 Std. 05 Min.
Gottlieben/Schloss	397	3 Std. 15 Min.	55 Min.
Kreuzlingen/Station	403	4 Std. 10 Min.	—

Steckborn (Näheres S. 80) sollte nicht verlassen werden, ohne dass dem reizenden Städtchen mit seinen schmucken Rieghäusern ein Besuch abgestattet worden ist. Von der Station aus zuerst ostwärts zur St. Jakobskirche halten. Diese auf breiter Strasse südwärts verlassen und die Bahnlinie überqueren. Bereits 50 m nach dem Bahnübergang in das Strässchen einschwenken, das wieder ortswärts zur Alterssiedlung im Dorf hinaufführt. Längs einer Reihe hübscher Einfamilienhäuser zum Waldsaum in der Hänki. Herrlicher Rückblick auf Steckborn und den Untersee. Dem Waldsaum bis zum Hof Jochental folgen und mitten im dahinterliegenden Rebberg, auf einem Grasweg, stark seewärts zum Waldsaum umbiegen. Auf einem Treppenweg dem Waldsaum folgend zum *Weissen Felsen* (Burgstock) hinaufsteigen, von wo sich der Blick abermals weitet. Hemmenhofen, Gaienhofen und Horn säumen das jenseitige Ufer des Untersees, während sich an schönen Tagen unzählige Segelboote im gleissenden Wasser spiegeln. Ein Bild, das Ruhe und Frieden ausstrahlt. Beim Weissen Felsen wurde eine Wehranlage nachgewiesen. Sie ist vermutlich

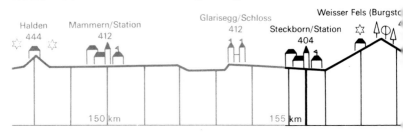

mittelalterlichen Ursprungs. Ausser Wall und Graben sind jedoch keine Überreste sichtbar.

Über den gut angelegten Treppenweg rasch durch den Wald abwärts. Beim Waldaustritt herrliche Sicht auf das nahe Berlingen und die dahinter liegende Insel Reichenau. Unser Weg führt ins Oberdorf von *Berlingen* hinunter und, ohne die Bahnlinie zu queren, an der Station vorbei. Berlingen liegt zwischen Hang und See eingeengt. Nachdem es ursprünglich ausschliesslich Bauern- und Fischerdorf war, weist es heute auch Industrie auf. Über die Landesgrenzen hinaus bekannt wurde das Dorf durch den Bauernmaler Adolf Dietrich und durch Minister Dr. Johann Kern, einen gebürtigen Berlinger, der als einer der erfolgreichsten thurgauischen Staatsmänner des 19. Jh. gilt. Etwas erhöht folgt der Pfad dem Bahntrassee bis zu der Stelle, wo die Seestrasse das Geleise quert. Hier auf die Seeseite hinüberwechseln. Während sich rückwärtsblickend Zellersee und Halbinsel Mettnau erkennen lassen, beherrscht linker Hand die Insel Reichenau den Horizont.

Auf sehr schön ausgestalteter Uferpromenade bis zur Station *Mannenbach.* Nun wieder direkt der Bahnlinie folgen, ohne diese jedoch zu überschreiten. Über steilem Geländevorsprung erhebt sich das Schloss Salestein und vor uns erkennen wir das Schloss Arenenberg. Die Herren von Salenstein gehen auf das Jahr 1092 zurück. Sie waren Dienstleute des Klosters Reichenau. Spätere Besitzer waren die Muntpart und die von Hallwil. Heute ist das Schloss in Privatbesitz und gilt als Juwel der Unterseegegend (Näheres über *Arenenberg* S. 81). Stets zwischen Bahnlinie und Seeufer zieht sich der Wanderweg weiter nach *Ermatingen* (Näheres S. 82). Hier die Strasse ins Stad zur Schifflände einschlagen.

80 m vor dem wunderschön ausgewogenen und prächtig verzierten Gasthaus Hirschen zwängt sich ein Seitengässchen landeinwärts. Diesem bis zur nächsten Querverbindung folgen und sofort in den ca. 200 m vom Ufer entfernten Fahrweg einschwenken. Ohne die Bahnlinie zu überschreiten, dieser auf angenehm breitem Fahrweg folgen. Über dem Schilf-

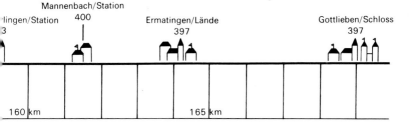

Mannenbach/Station
400

lingen/Station
3

Ermatingen/Lände
397

Gottlieben/Schloss
397

160 km   165 km

gürtel erblickt man die lange Pappelallee, die zur Insel Reichenau hinaus-
führt. Wo sich das Tägerwiler Moos zu weiten beginnt, weist ein Wegweiser wieder zum Ufergürtel. Diesem nach *Gottlieben* (Näheres S. 82)
folgen und bei der Neuüberbauung direkt an den Seerhein hinaushalten.
An der prächtigen Drachenburg vorbei den Schlosspark umgehen und
vorerst auf diesem Strässchen, später auf herrlichem Spazierweg dem
Seerhein aufwärts folgen. Beim Ziegelhof südwärts auf das Tägerwiler-
moos umschwenken, das zum grössten Teil der Stadt Konstanz gehört.
Diese hat für dieses Gebiet auch die Strassen zu bauen und zu unterhalten. Einzig die thurgauische Staatssteuer darf erhoben werden.
Kurz vor dem *Zollhaus* die Hauptstrasse und den Drainagegraben queren
und auf asphaltiertem Strässchen längs des Grenzzaunes dem Kreuzlin-
ger Zoll und der 400 m südwärts davon gelegenen *Station Kreuzlingen*
(Näheres über Kreuzlingen S. 83) zustreben.

Die Drachenburg in Gottlieben, ein aus dem ▷
18. Jh. stammendes Herrschaftshaus,
das 1944 zum Hotel umgebaut wurde
(Route 10)

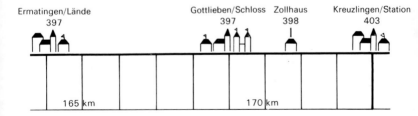

Ermatingen/Lände   Gottlieben/Schloss Zollhaus   Kreuzlingen/Station
397   397   398   403

165 km   170 km

11 Kreuzlingen-Münsterlingen-Kesswil-Romanshorn

Ausgedehnte Uferwanderung von eindrücklicher Weite und stiller Schönheit. Aus der Grenzstadt Kreuzlingen nach Romanshorn, dem grössten Seehafen am Bodensee.

Route	Höhe in m	Hinweg	Rückweg
Kreuzlingen/Station	403	—	4 Std. 30 Min.
Münsterlingen/Station	405	1 Std. 10 Min.	3 Std. 20 Min.
Altnau/Ruederbomm	398	1 Std. 55 Min.	2 Std. 35 Min.
Güttlingen/Zollershus	398	2 Std. 30 Min.	2 Std.
Kesswil/Seedorf	398	3 Std. 05 Min.	1 Std. 25 Min.
Uttwil/Lände	397	3 Std. 35 Min.	55 Min.
Romanshorn/Bahnhof	399	4 Std. 30 Min.	—

Von der *Station Kreuzlingen* (Näheres über Kreuzlingen S. 83) vorerst der Bahnlinie Richtung Kreuzlingen-Hafen folgen. Auffallend ist das grosse Wagenpark-Reservoir auf den Abstellgeleisen des Konstanzer Bahnhofes. Vor der Station Kreuzlingen-Hafen die Bahnlinie überschreiten und zum Hafenbecken hinüberwechseln. Die hier neu und prächtig angelegte Quaianlage mit ihren künstlichen Hügeln und idyllischen Teichen unterstreicht Kreuzlingens Beinamen: Gartenstadt.
Den Seepark nach eigenem Gutdünken bis zur *Seeburg* durchqueren, anschliessend auf der Zufahrtsstrasse zum Campingplatz Fischerhus. Ein gut gepflegter Strandweg führt weiter zur *Unteren Mühle Bottighofen.* Es dürfte sich hier um eine der ersten grossen Mühlen des Kantons Thurgau handeln. Die Untere Mühle wird bereits 1317 urkundlich erwähnt. Sie war lange Zeit in Klosterbesitz und verfügte schon 1385 über sechs Räder! Zwischen dem Werkgelände zieht sich der Weg, vorerst den Tobelbach überquerend, zur Bahnlinie hin. Dieser ist bis zur Kläranlage im Riet zu

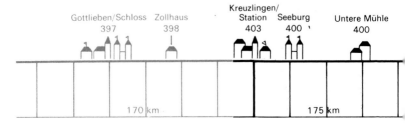

folgen. Nach Überschreiten eines weiteren Töbelchens direkt ans Seeufer halten und auf neuem Strandweg bis zum Areal der Psychiatrischen Klinik Münsterlingen. Hier zur Bahnlinie aufsteigen, diese überqueren und zum Stationsgebäude *Scherzingen-Münsterlingen* umschwenken. Der Bahnlinie bis zum nächsten Bahnübergang folgen. Hier befindet man sich unmittelbar vor den mächtigen Gebäudekomplexen des Stiftes Münsterlingen. Die Augustinerinnen von Münsterlingen dienten der Armen- und Krankenpflege. Das unter Bischof Gebhard von Konstanz mit dem Stift Kreuzlingen vereinigte Kloster geriet nach der Eroberung des Thurgaus unter die Herrschaft der Eidgenossen. 1549 wurde es zum Benediktinerinnenkloster. Im Dreissigjährigen Krieg war es lange Zeit von den Schweden besetzt. Die neue Klosterkirche wurde 1727 eingebaut. 1839 konnte die Irrenanstalt, die heutige Psychiatrische Klinik, eröffnet werden und 1840 erhielt Münsterlingen das Kantonsspital. Der imponierende, wenn auch eher artfremd wirkende Neubau des Spitals wurde anfangs der siebziger Jahre erstellt. Nun wieder auf die Seeseite wechseln. Ausgangs des Klinikareals direkt ans Seeufer halten.

Ein lauschiger Strandweg führt an Schilfbeständen und Ufergehölz vorbei nach *Landschlacht/Seedorf.* Zwischen Münsterlingen und Kesswil sollen nicht weniger als sieben Pfahlbausiedlungen nachgewiesen worden sein, davon allein fünf auf der Strecke Ruederbomm-Moosburg. 700 m landeinwärts liegt die vorzüglich restaurierte Kapelle, deren Ursprung möglicherweise bis ins 10. Jh. zurückreicht, und die damit zu einem der ältesten kirchlichen Bauwerke des schweizerischen Bodenseeufers zählt. Dem Uferweg über die Seewiese in gleicher Richtung folgen und über *Altnau/Ruederbomm, Zollershus* und Rotfarb zur *Moosburg.* Die klassizistische Villa wurde 1840 aus den Steinen der von den Freiherren von Güttingen hier erbauten «Moosburg» erstellt. Sie gehörte zusammen mit dem aus dem 18. Jh. stammenden Landhaus «Schloss» (früher wohl Wasserburg) zu den vier ursprünglichen Wehranlagen der Güttinger.

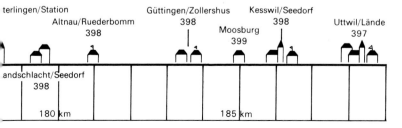

Dem Ufer entlang weiter ins *Seedorf von Kesswil*. Der schon früh zum
Kloster Münsterlingen gehörende Ort wurde später dem Kloster St. Gal-
len untertan. Im Jahre 1429 wurde die erste Kirche erbaut. Die heutige
Kirche wurde 1957 letztmals renoviert; sie besitzt zwei schöne Chorfen-
ster von Carl Roesch. 1875 wurde im Pfarrhaus zu Kesswil der Psychologe
C. G. Jung geboren.
Hier öffnet sich der Bodensee (Näheres S. 83) zu seiner vollen Breite und
lässt zuweilen das jenseitige Ufer nur noch erahnen. Hart dem Ufer entlang weiter nach *Uttwil*. Wie an vielen Orten am Bodensee sind auch in
Uttwil Pfahlbauten nachzuweisen. Im 13. Jh. gehörte der Ort zum Stift
Münsterlingen. Zu grossen Spannungen mit der eidgenössischen Tagsat-
zung, ja beinahe zum bewaffneten Konflikt kam es im 17. Jh. wegen des
Abbruchs der Wallfahrtskapelle St. Adelheid. Uttwil hat eine bewegte Geschichte: es beherbergte hugenottische Flüchtlinge, war später Handels-
und dann Kurort und kann heute auf eine lange Reihe berühmter Bürger
verweisen. 300 m oberhalb der Lände Uttwil biegt der Weg zur Bahnlinie
um und bietet nur noch wenige Durchblicke zum Wasser. Leider sind hier
auch einige grössere asphaltierte Wegstücke unvermeidlich. Immer der
Bahnlinie folgend zum Strandbad, zum Seepark und schliesslich zur eindrücklichen Hafenanlage von *Romanshorn* (Näheres S. 85). Beim Hafenbecken der Kursschiffahrt nach Friedrichshafen über die Bahngeleise auf
den Bahnhofplatz wechseln.

Romanshorn am Bodensee besitzt den grös- ▷
sten schweizerischen Seehafen
(Routen 11 und 12)

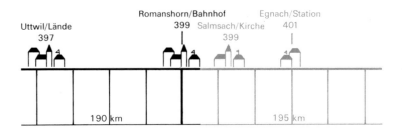

12   Romanshorn-Arbon-Rorschach

Abwechslungsreiche Wanderung vorerst dem See entlang, ab Arbon ins
Landesinnere verdrängt und von der Mündung der Goldach auf prächtigem Strandweg und vorzüglich gestalteter Seepromenade nach Ror-
schach/Bahnhof.

Route	Höhe in m	Hinweg	Rückweg
Romanshorn/Bahnhof	399	—	4 Std. 20 Min.
Egnach/Station	401	45 Min.	3 Std. 35 Min.
Arbon/Hafen	397	2 Std. 05 Min.	2 Std. 15 Min.
Steinach/Kirche	399	2 Std. 35 Min.	1 Std. 45 Min.
Horn/Station	403	3 Std. 10 Min.	1 Std. 10 Min.
Rorschach/Hafen	398	4 Std. 05 Min.	15 Min.
Rorschach/Bahnhof	399	4 Std. 20 Min.	—

Den Bahnhof *Romanshorn* (Näheres über Romanshorn S. 85) zuerst dem
ausgedehnten Gleisfeld der Rangieranlagen folgend verlassen. Die Strasse
überquert zuerst die Bahnlinie nach Weinfelden, dann die Aach und führt
an der Kirche von *Salmsach* vorbei. An der nächsten Strassenkreuzung
wieder zum See umbiegen. Gleisfeld erneut überschreiten und sofort der
Bahnlinie folgen. Nach Überquerung des Wiler Baches, immer der Bahnlinie folgend, zur Station *Egnach*. Diese liegt am Rande des Luxburger
Feldes. Draussen, an der Luxburger Bucht, liegt auch der Sitz, welcher
dem ganzen Gebiet den Namen aufgeprägt hat. Das ehemalige Wasser-
schloss wurde Ende des 14. Jh. als bischöflicher Gerichtsplatz des Egna-
chergebietes erbaut. Nach regem Besitzerwechsel wurde es im 17. Jh.
von einem Zweig der Junker von Hallwil bewohnt. Der heutige, aus dem
18. Jh. stammende Bau befindet sich in Privatbesitz.
Immer nordöstlich der Bahnlinie bleiben. Der Landstreifen zwischen dieser und dem Seeufer wird immer schmaler. Am *Strandbad* von Arbon

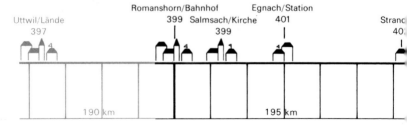

vorbei zieht sich der Wanderweg zwischen Seemoosholz und Seemoos-
riet gegen Arbon hin. Nicht minder bemerkenswert ist der weite Blick
über den See, zum deutschen Ufer und zu den Allgäuer Alpen.
In *Arbon* (Näheres S. 86) auf der Uferpromenade um den alten Stadtteil
herum zum Hafen und weiter unmittelbar am See zur Mündung der Aach
und nach *Steinach,* das bereits auf sanktgallischem Boden liegt. Hier zur
Hauptstrasse und zur Kirche umschwenken. Am Friedhof vorbei die
Bahnlinie überqueren und längs der Schulanlage zur Steinach. Diese zum
Mattenhof überqueren und beim nächsten abzweigenden Feldweg wie-
der bahnwärts halten. Der Abstecher vom Seeufer weg in die mit Obst-
plantagen bestandene Ebene wirkt wohltuend. Nahe der Bahnlinie ins
Wäldchen einschwenken und dann den Geleisen entlang zur Station
Horn. Hier befindet man sich nochmals kurz auf thurgauischem Boden.
Die Horner verdanken ihr Enklavendasein dem etwas willkürlichen Gebiets-
abtausch zwischen dem Kloster St. Gallen und dem Bistum Konstanz.
Ein Abstecher zum prächtig gelegenen Seepark lohnt sich. 300 m vom
Bad entfernt liegt an der Seestrasse ein gediegener Privatbesitz, das
«Schloss». Der für Bartholomäus Schobinger im 16. Jh. errichtete Freisitz
kam 1682 an das schwäbische Benediktinerstift Ochsenhausen und gehörte 1769–1826 dem Freiherrn Johann Viktor von Travers aus Zuoz.
Die Bahnanlagen auf der Stationsseite passieren, nachher sofort wieder
auf die Südseite der Bahnlinie wechseln und beim zweiten Quartiersträss-
chen wieder in Richtung Rorschach abdrehen. Am Gehöft *Farbmüli* vorbei direkt auf den Waldstreifen des Horner Holzes zuhalten und dieses
seewärts queren. Der Goldach entlang über Bahn und Strasse zum
Strandbad Goldach. Der Name Goldach hat im übrigen nichts mit einem
goldenen Fluss gemeinsam. Er setzt sich aus den altdeutschen Aus-
drücken «gol» (= grosser Bollenstein) und «ach» (= fliessendes Gewäs-
ser) zusammen. Über prächtigen Strandweg und gepflegte Quaiprome-
naden weiter zum alten Kornhaus im *Rorschacher Hafen* und schliesslich
zum *Rorschacher Bahnhof* (Näheres über Rorschach S. 86).

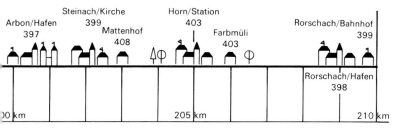

Basel

Am südlichen Ende der oberrheinischen Tiefebene gelegen, vereinigt Basel die wichtigsten Verkehrslinien aus dem Norden und Nordwesten und strahlt nach Süden eine Anzahl bedeutender Wege aus, die über den Jura durch das Mittelland und dem Rhein entlang zu den Alpenpässen führen. Die ursprünglich keltische Siedlung, später durch die Römer in die Rheinbefestigungslinie einbezogen, wird 374 erstmals als «Basilia» erwähnt. Die Strasse von Kambere (Kembs) nach Augusta Raurica führte über den heutigen Münsterplatz.

Ihre spätere mittelalterliche Blütezeit hatte die Stadt dem Rhein zu verdanken. Am oberen Ende des schiffbaren Stromes gelegen, wurde Basel im 12. und 13. Jh. zum betriebsamen Umschlagplatz. Ein Markstein im kaufmännischen Leben der Stadt bildete die Eröffnung der Basler Messe im Jahre 1471. Sehr treffend wird Basel etwa als Eingangstor zur Schweiz bezeichnet.

Von den zahlreichen Sehenswürdigkeiten des alten Basels kann hier nur das Wichtigste herausgegriffen werden. Vom ursprünglichen, spätromanischen Münster liess das schwere Erdbeben, das 1356 die Stadt heimsuchte, nur die untersten Geschosse stehen. Auf diesen Fundamenten erbaute die gotische Zeit aus rotem Sandstein das heutige Wahrzeichen Basels. Unter den zahlreichen ehrwürdigen Bauten, welche die Gassen und Plätze der Stadt zieren, fällt besonders das 1504–1512 am Marktplatz erbaute Rathaus durch seine prunkvolle Renaissancefassade auf. Als prächtigster Zeuge der mittelalterlichen Stadtbefestigung schliesst das Spalentor die gleichnamige Vorstadt ab. Basel darf sich rühmen, die älteste Hochschule der Schweiz zu besitzen. Sie wurde bereits 1460 durch Papst Pius II gestiftet.

Wer sich besonders für die modernen Aspekte der Stadt interessiert, sei noch kurz an den Rheinhafen, an die chemische Grossindustrie, an die Schweizer Mustermesse, aber auch an den mustergültig angelegten Zoologischen Garten erinnert.

◁ Erkerfassade am Haus ‹Zum Ritter› in der Vordergasse in Schaffhausen (Routen 7 und 8)

Augusta Raurica (Augst)

Im Jahre 44 v. Chr., kurze Zeit nach der Gründung der ersten römischen Kolonie am Genfersee, erteilte Cäsar einem Freunde den Auftrag, auch im Norden unseres Landes, am Rhein, eine Siedlung anzulegen. Die Hochfläche zwischen Ergolz und Violenbach, ungefähr zehn Kilometer östlich der heutigen Stadt Basel, schien dazu geeignet.

Allmählich entstand eine Stadt. Im Laufe der Zeit wurde sie grösser und grösser und nach der Landeshauptstadt Aventicum die bedeutendste römische Siedlung in unserem Lande. Ausser den Quartieren der Handwerker, Krämer und Kaufleute gab es eine Reihe mächtiger Bauten. Zu diesen gehörten sieben Tempel mit vielen Altären. Ein Theater bot auf seinen 48 Sitzreihen, die in grossem Halbkreis angeordnet waren, 8000 bis 10000 Zuschauern Platz. Neben einem grossen Rathaus standen gedeckte Markthallen und drei grössere öffentliche Badegebäude. Das grösste nahezu 100 m lang. Ein etwas kleineres war für die Frauen bestimmt und ein drittes diente als Heilbad der Kranken.

Zwischen der Basilika (Gerichts- und Markthalle) und dem grössten Tempel wurde der gepflasterte Marktplatz, das Forum, angelegt. Etwa 200 m südlich der Stadt, die nach wenigen Jahren über 10000 Einwohner zählte, wurde ein Amphitheater in einer natürlichen Bodensenke ausgehoben. Der Ort entwickelte sich zum blühenden Handelsplatz. Südliche Weine, Öl, Früchte, Gebrauchsgeräte, Waffen, Kunst- und Modewaren, feines Geschirr und Gläser wurden nach Norden über die Landesgrenze, Tiere, Pelze, Rheinlachse und Honig ins Landesinnere verkauft. Gehandelt wurde ferner mit italienischem Marmor, poliertem Jurakalkstein, mit Korn, Ziegeln und mit Sklaven.

Das notwendige Wasser führte ein unterirdischer, mannshoher Kanal aus der Gegend von Liestal heran. Die Leitung hatte eine Länge von über 6 Kilometern. Daneben bauten die Römer auch eine Kanalisation, welche die Abwässer in den Rhein leitete.

Auf den vollständigen Ausbau der Stadtumgürtung wurde verzichtet, so sicher fühlten sich die Bürger.

Mit dem Zerfall des Römerreiches war auch das Schicksal von Augusta Raurica besiegelt. Seit 260 n. Chr. konnte sich Helvetien der Alemanneneinfälle nicht mehr dauernd erwehren. Zahlreiche damals vergrabene Münztöpfe zeugen davon, dass die Stadt um 270 fluchtartig verlassen worden war. Als 300 n. Chr. unter Diokletian das grosse Castrum Raurazense (heute Kaiseraugst) hart am Ufer des Rheins angelegt wurde, war die Stadt dahinter eine Trümmerstätte. Manch kunstvoll behauenes Stück diente jetzt zum Bau des Kastells. Im Schutze der neuen Festung

konnte Augusta, teilweise wieder neu erstanden, eine bescheidene Nach-
blüte erleben. Von Dauer war sie nicht. Einzig das Castrum hat sich noch
bis in das 7. Jh. erhalten. Hinter seinen Mauern hat in gefahrvollen Zeiten
der Bischof von Basel Schutz gefunden.
Sehenswürdigkeiten: Ruinen von Theater, Tempel und Forum. Rekon-
struktion eines Wohn- und Geschäftshauses der Stadt Augusta Raurica
mit sämtlichen Einrichtungen.

Rheinfelden

Wer heute aus den malerischen Gassen gegen die Rheinbrücke umbiegt,
die sich als deutlich abgewinkelter Übergang auf die Rheininsel, den sogenannten Stein, abstützt, dem wird bewusst, dass dieser natürliche
Brückenkopf die Ursache für die spätere Stadtgründung war. Bereits im
Jahre 930 soll hier eine Burg gestanden haben, von welcher aus die Herren von Rheinfelden ihre Macht ausübten. Im Jahre 1077 wurde Graf Rudolf von Rheinfelden zum deutschen König gekrönt und dadurch kam
sein Name in aller Leute Mund. 1255 wurde der aufstrebende Ort durch
kaiserlichen Beschluss zur freien Reichsstadt erklärt.
Rheinfelden geriet in den folgenden Jahrhunderten immer mehr in
machtpolitische Auseinandersetzungen und hatte darunter schwer zu leiden. Um 1444 versuchte die Stadt, sich durch ein Bündnis mit dem nahen
Basel der drohenden österreichischen Umklammerung zu entziehen. Mit
Hilfe der Eidgenossen wurde die mächtige Feste auf dem Stein geschleift.
Aber schon sieben Jahre später überfielen die Österreicher das Städtchen
und brandschatzten es fürchterlich. Auch während des Schwabenkrieges
1499 und im Dreissigjährigen Krieg (1618–1648) wurde Rheinfelden
schwer bedrängt. 1678 wurde die Stadt durch die Franzosen zwölf Tage
lang beschossen. Viele Häuser wurden zerstört, die gedeckte Brücke ging
in Flammen auf. Auch 1799 wurde Rheinfelden beim Franzoseneinfall
nochmals schwer geprüft.
Den eigentlichen wirtschaftlichen Aufschwung erlebte Rheinfelden seit
1844. Damals wurden die ersten Salzlager erbohrt und es setzte der
rasche Aufstieg zum weitherum bekannten Solbad ein. Dennoch ver-
mochte es seinen mittelalterlichen Charakter zu bewahren. Seinen guten
Ruf als Kurort verdankt Rheinfelden in erster Linie seiner heilkräftigen
Sole, einer der stärksten Europas. Sie wird aus 200 m Tiefe gefördert und
direkt den Bädern zugeleitet.
Sehenswürdigkeiten: Stiftskirche St. Martin: 1146 erstmals genannt, romanisches Portal, Gotteshaus zur dreischiffigen Pfeilerbasilika umgebaut
(spätgotisch). Rathaus: Neubau von 1531, grossartige Freitreppe zu den

zwei Portalen, spätgotische Ratsstube. Johanniterkapelle: erbaut 1456, 1947 vom Aargauer Heimatschutz vorbildlich restauriert, heute unter Bundesschutz. Marktgasse mit stattlichen Bürgerhäusern. Diebs- oder Messerturm. Kupfer- oder Storchennestturm. Obertorturm. Wasserturm. Rheinfelden bietet aber auch Sehenswürdigkeiten aus neuerer Zeit. So wird das im Schlossstil errichtete, unter Denkmalschutz stehende alte Fabrikationsgebäude der Brauerei Feldschlösschen, der Sitz der grössten Brauereigruppe der Schweiz, jährlich von über 20000 Gästen besucht. Besonders beachtenswert sind auch Kurzentrum und Kurpark sowie das 1980 eröffnete Casino.

Laufenburg

In der Schweizer Chronik von Johannes Stumpf lesen wir über Laufenburg: «Sind zwo stett: die gröszer mitsampt dem schlossz ligt auff der lincken seyten an einem berg/darauff das schlossz stehet. Der kleiner teyl und staettle ligt auff der rechten seyten gegen dem Schwartzwald/ doch werdend diese beide stett durch ein gar zierliche prucken zesamen gefuert. Hie ist der kleiner Lauffen oder Wasserbruch und fal des Rheyns/ genennt Cataractes minor/ der kleiner Lauffen. Der ander Lauffen bey Schafhusen ist der groeszer Lauffen. Der ander Lauffen ist hie/daruon die statt und schlosz den nammen habend Lauffenburg.»
Laufenburg am Rhein ist tatsächlich aufs engste mit seinem Strome verbunden. Hier durchbrach der Rhein die Riegel aus Schwarzwaldgneis und bahnte sich in wilden Strudeln den Weg durch die Felsen. Diese Stromschnellen, in der mittelhochdeutschen Sprache «Laufen» genannt, hatten eine Länge von 1300 m und massen an der engsten Stelle 12 m; hier bestand im Jahre 1207 eine Brücke. Eigenleute des Klosters Säckingen gingen da schon im 11. Jh. dem Fischfang nach. Die Grafen von Habsburg, als Schirmvögte des Stiftes, erbauten um das Jahr 1200 zwei Burgen und umgaben die Siedlung mit festen Mauern. So wurde aus dem Fischerdorf eine Stadt, die sich zu einem wichtigen Markt- und Verkehrsort entwickelte. Im 13. Jh., bei der Teilung des Grafenhauses, kamen Burgen und Stadt in den Besitz der jüngern Linie, deren Angehörige sich in Zukunft Grafen von Habsburg-Laufenburg nannten. Dieses Geschlecht verarmte rasch und es gelang der Stadt, ihre Rechte und den Besitzstand zu festigen und zu erweitern, ja sogar eine Zeitlang das Münzrecht zu erwerben. Ende des 14. Jh. verkaufte der letzte Graf, Hans IV. Stadt und Herrschaft an Leopold III. von Österreich. Von nun an war Laufenburg eine österreichische Stadt und das Schloss Sitz des herrschaftlichen Obervogtes.

Die alte Stadt, überragt vom Schloss, belegt den kreisförmigen Platz zwischen dem nördlichen Steilabsturz des Schlossberges und dem Rhein. Hier liegt, in einer flachen Einsenkung, die breite Marktgasse, deren östliche Erweiterung der stattliche Marktplatz bildet. Darum gruppieren sich Blöcke von hohen, schmalen Häusern, welche durch enge, steile Gassen voneinander getrennt sind. Sie werden umfasst von Fischer- und Laufengasse, welche sich auf dem von Bäumen beschatteten Platz vor der Rheinbrücke treffen. Gegen den Rhein zu, die geschlossenen Rückseiten in malerischem Wechsel vorschiebend oder zurückziehend, schliessen sich schmale Bürgerhäuser zu Reihen zusammen. Der zum Teil durch künstliche Terrassen gegliederte Aufstieg zum Schloss trägt Kirche und Pfarrhaus, das Gerichtsgebäude und eine geschlossene Reihe früherer Adelshäuser längs der Herrengasse. Diesem Altstadtkern fügt sich die schon 1270 erwähnte Vorstadt «Im Wasen» an. Jenseits des Rheines, an den steilen nordseitigen Flusshang geduckt, liegt auf deutschem Boden die «Mindere Stadt»; mit einer einzigen Hauptgasse bis zum Waldtor und der darüber liegenden Kirche.
Der Laufen und die Burgen bildeten die Grundlagen der wirtschaftlichen Entwicklung der Stadt. In ihrem Schutze erbeuteten die Fischer jene erstaunliche Menge von köstlichen Salmen, die Laufenburg bis nach Paris und Wien berühmt machten und die zur Grundlage des Fischmarktes und des Fischhandels wurden. Hier mussten die rheinabwärts fahrenden Schiffe und Flosse ausgeladen werden. Die «Flösser» lösten die Flosse auseinander, überliessen die einzelnen Stämme den Strudeln, um sie unterhalb des Laufens wieder einzufangen und zusammenzubinden. Bei niederem Wassergang konnten die leeren Schiffe von den «Laufenknechten» von beiden Ufern her an Seilen durch die wilden Fluten gelotst werden. Ein reger Betrieb, wenn man bedenkt, dass von 1852 bis 1859 im Jahre durchschnittlich 2577 Flösse durch den Laufen gingen.
Ein drittes wichtiges Gewerbe, das ebenfalls schon anfangs des 13. Jh. erwähnt wird, war die Eisenverarbeitung. In Laufenburg standen die Hammerwerke, die das fricktalische Eisenerz aus Herznach verarbeiteten. Die nötige Holzkohle lieferte der benachbarte Schwarzwald. Diese drei Hauptgewerbe der Fischer, Laufenknechte und Hammerschmiede waren zu Bruderschaften zusammengeschlossen, aus denen sich später Zünfte entwickelten.
Politisch gehört Laufenburg seit dem Jahre 1803 nicht mehr zu Österreich. Denn durch das Machtwort Napoleons wurde der linksrheinische Teil zusammen mit dem Fricktal der helvetischen Republik und der rechtsrheinische Teil dem Lande Baden zugeordnet. Der Strom, bisher Lebenszentrum und Lebensnerv, wurde fortan zur teilenden Landesgrenze.

In den Jahren 1908 bis 1914 wurde in Zusammenhang mit dem Kraftwerkbau der Laufen gesprengt. Dies bedeutete den Untergang des einzigartigen Naturschauspiels, der Salmenfischerei und der Flösserei. *Sehenswürdigkeiten:* Burghügel mit Bergfried der Burg der Grafen von Habsburg-Laufenburg. Stadtkirche St. Johann: erbaut im 15. Jh., von 1750–1753 barockisiert. Rathaus: vormals Kapelle des um 1600 gegründeten Stadtspitals. Gerichtsgebäude mit Glockentürmchen und schöner Doppeltreppe. Prächtige Stadtbrunnen. Wasenturm. Schwertlisturm.

Zurzach

Archäologische Forschungen haben den Beweis erbracht, dass auf dem Kirchlibuck die Römersiedlung Tenedo gestanden haben muss. Es befand sich sogar auf beiden Kuppen, durch welche die Strasse jetzt tief eingeschnitten führt, ein römisches Kastell. Die Römer brachten nicht nur ihr organisatorisches Können und das Vorbild einer sesshaften Zivilisation in unser Land, sondern auch die Religion, die ganz Europa während der nächsten Jahrtausende prägte. Ein Teil der Soldaten, die sowohl den Rhein als auch das dahinterliegende Gebiet bewachten, stammte aus dem oberägyptischen Theben, wo in der Gegend von Karnak und Luxor schon sehr früh das Christentum heimisch geworden war. Am Rande der ägyptischen Wüste erwachte im 3. Jh. das christliche Mönchstum. Man weiss von Gemeinschaften der gottgeweihten Jungfrauen, die dort ein beispielhaftes Christentum lebten. Aus diesem Kreis dürfte Verena stammen, die als Samariterin die thebäische Legion bis in unsere Gegend begleitet hat und die nach der Überlieferung im 4. Jh. als christliche Krankenschwester in Zurzach gewirkt haben soll. Man brachte ihr die Kranken, sie suchte die Hilflosen und Ausgestossenen auf. Nach zwanzigjährigem Wirken soll sie 344 gestorben sein und ausserhalb der Mauern der römischen Siedlung an der Strasse nach Vindonissa (Windisch bei Brugg) beerdigt worden sein. Die Grabungen, die im römischen Kastell vorgenommen wurden, gaben die Grundmauern einer christlichen Kirche aus dem 4./5. Jh. frei. Während die römischen Festungen über dem Rhein zerfielen, entstand um das Grab der Heiligen ein Wallfahrtszentrum mit dem neuen Namen Zurzach.

Tausend Jahre der Geschichte haben Zurzach aber auch als gastlichen Ort geprägt. Das begann im kirchlichen Bezirk, wo in nachrömischer Zeit die aus allen Landen herbeiströmenden Wallfahrer beherbergt werden mussten. Wo das betende Volk sich versammelte, stellten sich bald auch Händler ein. Zurzach lag für das mittelalterliche Europa günstig, an der Wasserstrasse des Rheins. So ist es denn nicht verwunderlich, dass die

kleine Gemeinde schon früh das Marktrecht erhielt. Ihre Messen, wie man
damals die Märkte nannte, wuchsen zu den bedeutendsten zwischen
Mailand und Nünberg heran. Zurzach wurde zu einem mittelalterlichen
Gästehort: an die Hospizien, die die Mönche für die Wallfahrer errichtet
hatten, schlossen sich zu Dutzenden die grossen Messegasthöfe an.
Veränderte Landesgrenzen und neue Verkehrswege wurden später den
Messen hinderlich und haben sie in der Mitte des letzten Jahrhunderts
endgültig eingehen lassen. Die durch Generationen geübte Gastlichkeit
ist aber nicht erloschen.
Sehenswürdigkeiten: Rotes Haus aus spätbarocker Epoche. Reformierte
Pfarrkirche von 1717. Stiftskirche St. Verenen: Gedächtnisbau über dem
Grab der Heiligen, berühmter Wallfahrtsort. Obere Kirche. Rathaus: im
Innern spätgotische Balkendecke. Messehäuser an der Hauptgasse. Rö-
misches Kastell Tenedo mit Überresten einer frühchristlichen Kirche.

Kaiserstuhl

Der Name Kaiserstuhl lässt darauf schliessen, dass sich hier ein alemanni-
sches Stammesheiligtum befunden hat, wo die «keisirs» (Krieger) Rat
hielten und feierliche Opfer spendeten. Diesen Ort nannte man «stuol».
Der mächtige «Römerturm» trägt seinen Namen dagegen vermutlich zu
Unrecht. Wohl standen entlang der ganzen Rheinlinie römische Wacht-
türme. Diese zeigen aber erstaunlich gleiche Abstände zueinander. Sol-
che Befestigungsanlagen sind in der Lebern bei Weiach und an der Mündung des Fisibachs zum Vorschein gekommen. Darum nimmt man heute
an, dass der Römerturm vermutlich um 1200 von den Kaiserstuhler Freiherren als Burg- und Wohnraum errichtet worden ist.
Kaiserstuhl wird 1243 erstmals urkundlich erwähnt und bildet den Urtyp
eines Brückenstädtchens. Lage und Funktion sind um so begreiflicher,
als sich hier die Strassen von Zürich und Winterthur wie von Baden und
aus der vielbesuchten Messestadt Zurzach trafen. Das an dieser Stelle tief
eingeschnittene Bett des Rheines mag zu einem gewissen Wohlstand der
Kaiserstuhler geführt haben. Die steil von der Brücke aufwärtsführende
Hauptgasse brachte es mit sich, dass die schweren Blachenwagen die
Steigung nicht ohne Vorspann überwinden konnten. Dies aber brachte
den einheimischen Fuhrleuten willkommenen Verdienst und auch die
Gastwirte profitieren vom steilen Rheinbord. Da Kaiserstuhl seinen Charakter fast vollständig zu wahren und gegen Einflüsse der neueren Zeit zu
verteidigen wusste, bildet es auch heute noch das Musterbeispiel einer
mittelalterlichen Kleinstadt.
Vermutlich hat Gottfried Keller das Rheinstädtchen als Vorbild zu seinem

«Seldwyla» gewählt. Teile seines «Grünen Heinrich» und der «Drei ge-
rechten Kammacher» spielen sich in den Mauern Kaiserstuhls ab.
Sehenswürdigkeiten: Haus zur Linde: errichtet 1764 mit reichem Por-
talschmuck und schönem Gittertor. Oberer Turm (Römerturm): starke
Befestigungsanlage des in seiner dreieckigen Form direkt nach Norden
abfallenden Städtchens. Amtshaus des Klosters St. Blasien. Widderplatz
mit kunstvollem Brunnen. Rheinbrücke mit Statue des St. Nepomuk.
Pfarrkirche St. Katharina mit ehemaligem Wörndliturm. Schloss Röteln
auf deutschem Boden.

Eglisau

Das ehemals wehrhafte Städtchen bestand nur aus drei Häuserzeilen.
Heute liegt es etwas abseits der Strassenbrücke, musste doch die alte
Holzbrücke auf der Höhe der Kirche kurz nach dem Ende des Ersten Weltkrieges abgebrochen werden. Daran war freilich nicht Baufälligkeit, sondern das neue Kraftwerk bei Rheinsfelden schuld, durch das der Strom-
spiegel um achteinhalb Meter angehoben wurde und so den Abbruch des
Salzhauses, der Schiffsmühle, der alten Rheingasse und des Weilers
Oberriedt erforderte. Alte Stiche zeigen uns noch die frühere Anlage.
Bereits um 1249 wird hier ein Flussübergang erwähnt. Auf der Südseite
stand eine starke Burg als Brückenschutz, deren Turm an die 40 m hoch
war. Bewohner waren die Freiherren von Tengen aus dem Hegau, welche
den Brückenzoll an dieser wichtigen Stelle erhoben. Als das verarmte
Geschlecht sich jedoch auf Raubritterstreiche verlegte, griff Zürich 1455
ein und übernahm nach und nach Schloss, Städtchen und Herrschaft
Eglisau. Die Feste wurde Landvogteisitz.
Als in der ersten Hälfte des vergangenen Jahrhunderts die neue Zeit an-
brach, verschwanden nacheinander Wyler-, Ober- und Rheintor. 1841
wurde auch das Schloss niedergerissen. Die mächtigen Steinquader wurden in die Stützmauer eingebaut, die gegen den Weiler Seglingen hinaufführt.
Alte Berufsrödel bestätigen, dass Eglisau nicht nur Fischerstädtchen war,
obschon damals der Lachs in Scharen den Rhein heraufstieg. Gut vertre-
ten waren auch die Fuhrleute, Wagner und Schmiede, lag das Städtchen
doch an der «Kornstrasse» und war dazu «Salzstation». Die Salzberg-
werke in Tirol und Bayern lieferten das begehrte Gut, da noch niemand
von schweizerischen Salinen etwas ahnte. Die Weidlinge brachten Salz
und Getreide vom Rheinfall her und beförderten es bis nach Waldshut
hinab. Allein im Jahre 1811 wurden 1200 Fässer Salz und 2500 Säcke
Korn durch Eglisau befördert. Hier wurde das Gut auf Blachenwagen um-

geladen, dann ging's weiter nach Süden, gegen Zürich und in die Inner-
schweiz. Da die Strasse am jenseitigen Ufer steil bergan führte, waren
Vorspann und Ablösung nötig, so hatten die Fuhrleute und Gastwirte
gute Zeiten.
Mit der Eröffnung der Eisenbahnlinie Winterthur–Koblenz erhielt Eglisau
den Anschluss an das Schienennetz. 1897 wurde die Abzweigung nach
Schaffhausen erstellt. Die Station gewann dadurch an Bedeutung. Der
tiefe Rheingraben wurde durch einen 63 m hohen Viadukt überwunden.
Schon 1822 wurde in der Nähe der heutigen Strassenbrücke durch eine
Bohrung das Eglisauer Mineralwasser entdeckt. Später wurden in der
Nähe des Bahnhofs weitere Quellen angebohrt, die heute täglich 430 000 l
kristallklares Wasser aus Tiefen bis zu 300 m zu Tage fördern.
Sehenswürdigkeiten: Nachtwächterhaus und «Krone» mit schönem
Wirtsschild und Fachwerk. Reformierte Barockkirche mit bedeutenden
spätgotischen Wandbildern. Untergasse. Obergasse.

Rheinau

Die Gründung des Klosters geht auf das Herzoggeschlecht der Welfen
um 778, also in die erste Regierungszeit Karls des Grossen, zurück. 844
wird es erstmals urkundlich erwähnt. König Ludwig verschaffte ihm das
Recht der freien Abtwahl sowie Güter, die sich bis zum 18. Jh. zu einem
grossen Besitz im Weinland, Klettgau und Thurgau erweiterten. Damals
weilte der irische Mönch Fintan im Kloster, dessen Insassen seit 870 nach
der Regel des heiligen Benedikts lebten.
Nachdem zu Beginn des 15. Jh. die Grafen von Sulz sich der Schirmvogtei
bemächtigen wollten, stellte sich der Abt 1455 unter den Schutz der eidgenössischen Orte ohne Bern. Von 1798 bis 1803 war das Kloster vorübergehend aufgehoben. 1836 übernahm der Staat Zürich die Vermögens-
verwaltung, hob das Kloster durch Grossratsbeschluss am 3. März endgültig auf und verwendete das Vermögen zur Unterstützung der katholi-
schen Gemeinden sowie für Armen- und Bildungszwecke. Die Gebäude
dienen seit 1867 der Pflegeanstalt für Geisteskranke und Gebrechliche.
An Stelle der dreischiffigen romanischen Klosterkirche von 1114, deren
Hauptportal im untersten Geschoss des Südturms erhalten geblieben ist,
erstellte Abt Gerold II. 1704–1711 den heutigen Barockbau. Die Zwiebel-
türme sind überragt von Kreuzen und Engeln mit Posaunen. Im Inneren
das Grab des heiligen Fintan, achtzehn Epitaphien der Äbte von Rheinau,
elf Altäre, unter denen der barocke Hochaltar das Prunkstück ist. Gewöl-
bestukkaturen von Franz Schmutzer und Deckenfresken von F. A. Gior-
gioli. Das Chorgestühl in Nussbaum wurde während des Kirchenbaus in
den Klosterwerkstätten geschnitzt.

Seit 1975 sind an den beiden Türmen umfangreiche Renovationsarbeiten im Gange, die später auch auf das Innere der Kirche und die umliegenden ehemaligen Klostergebäude ausgedehnt werden sollen. Für die vollständige Sanierung des alten Kulturdenkmals rechnet man mit fünfzehn Jahren. Im Jahre 1978 feierte das Kloster sein 1200-Jahr-Jubiläum.
Oberhalb des Klosterplatzes sind weitere ehrwürdige Bauten zu besichtigen, das Wellenbergsche Haus mit Treppengiebel aus dem Jahre 1551 sowie das gleichartige Waldkirchsche Ritterhaus von 1602. Reizend liegt das Bergkirchlein an schöner Aussichtslage. Es wurde 1578/1579 von Grund auf neu erbaut und weist drei Apsiden und einen gewölbten Chor auf. Seit 1609 ist es paritätisch.

Schlösschen Wörth

Das Schlösschen Wörth ist Eigentum des Kantons Schaffhausen, früher Zollhaus und Umschlagplatz für den Schiffsverkehr. Es steht auf einer Kalkfelsinsel und seit dem Aufstau des Kraftwerks Rheinau fast immer im Wasser. Zugang über die Brücke. Heute Restaurant und Hotel, Ausgangspunkt für Weidlingsfahrten nach Laufen, zum grossen Rheinsporn und in Richtung Rüdlingen–Eglisau.
Rheinabwärts liegt die kantonale Fischzucht-Anstalt in einem schönen Riegelhaus. Die Fischerei am Rheinfall hat seit dem Bau der grossen Rheinkraftwerke (besonders Kembs) stark an Bedeutung verloren; die Lachse kommen nicht mehr, dagegen sind die Züge der jungen Aale sehr beachtlich.

Rheinfall

Ursprünglich floss der Rhein aus nordöstlicher Richtung in einer Felsschlucht unter Neuhausen durch, die etwa 70 m unter der Zentralstrasse lag. Diese Schlucht wurde in der vorletzten Eiszeit mit Geröll ausgefüllt. Während der letzten Eiszeit stiess der Gletscher nochmals über das Rheinfallgebiet vor. Die Entstehung des heutigen Rheinfalls fällt in die Postglazialzeit. Jetzt kommt der Strom von Südosten her und stürzt über die linksseitige Uferwand des früheren Bettes hinunter, dessen Geschiebemassen er ausgespült hat. Die harten Kalkfelsen verhindern eine starke Veränderung des Laufs.
Eine Orientierungstafel gibt Aufschluss über die wichtigsten Daten dieses imposanten Wassersturzes, der als der grossartigste in Mitteleuropa gilt:

Grösste Breite des Wasserfalles	150 m
Maximale Fallhöhe	21 m

Grösste Tiefe des Wasserbeckens	13 m
Maximale Wasserführung pro Sekunde	1080 m³
Durchschnittliche Wasserführung pro Sekunde	700 m³
Minimale Wasserführung im Spätsommer pro Sekunde	95 m³
Vermutliches Alter des Rheinfalles	6000 Jahre

Schaffhausen

Schaffhausen bildet einen der Glanzpunkte auf unserem Weg von Basel nach Rorschach. Die Rheinfallstadt gehört mit ihren Erkerstrassen zu den städtebaulich interessantesten und gepflegtesten Städten aus dem Mittelalter. Die eigentliche Altstadt hat sich durch Jahrhunderte erhalten und wird glücklicherweise auch heute noch sorgfältig betreut.

Die Stadt wurde 1045 an Stelle einer schon bestehenden Siedlung durch Graf Eberhard von Nellenburg gegründet und mit dem Stadtrecht ausgestattet. Der älteste Teil gruppierte sich um die heutige Vordergasse und umfasste das Gebiet des Markts, des Rathauses und der Pfarrkirche St. Johann zwischen den Klöstern Allerheiligen und St. Agnes. Stadterweiterungen erfolgten im 12. und 13. Jh. und fanden im 14. Jh. Krönung und Abschluss mit dem Schwabentor im Norden, dem Zwingolf oder Unot (Munot) auf dem Emmersberg und der Unterstadt zu dessen Füssen. 1415 wurde Schaffhausen zur freien Reichsstadt. 1445 verbündete es sich vorerst auf 25 Jahre mit den acht Alten Orten der Eidgenossenschaft. 1479 wurde dieser Bund um die gleiche Zeitspanne verlängert und 1501 schliesslich in den Ewigen Bund umgewandelt.

Das Wahrzeichen Schaffhausens, die an Stelle der mittelalterlichen Wehranlage von den Bürgern der Stadt in den Jahren 1564 bis 1585 erbaute mächtige Ringfestung, wurde 1799 von den Österreichern beschossen. Seit 1836 wurde die nach der Theorie Albrecht Dürrers als Zirkularbefestigung gestaltete Wehranlage verschiedentlich renoviert und wird heute, stellvertretend für die Besitzerin, die Stadt Schaffhausen, vom 1839 gegründeten Munotverein gepflegt.

Schaffhausen bietet aber auch sonst eine Fülle von Sehenswertem und hat sich in neuerer Zeit auch einen Namen als Industrieort gemacht.

Sehenswürdigkeiten: Die alten charakteristischen Strassen mit reich verzierten Fassaden und schönen Zunfthäusern. Das Haus «Zum Ritter» mit den berühmten Fresken von Tobias Stimmer. Der stimmungsvolle Kreuzgang des ehemaligen Klosters Allerheiligen mit Schillerglocke. Die Münsterkirche, ein romanisches Bauwerk aus dem 11. Jh. und das Museum zu Allerheiligen. Die alte Festung Munot mit dem mächtigen Rundbau von 53 m Durchmesser und 25 m Höhe.

Kloster Paradis

Die Gründungszeit des Klosters geht auf das Jahr 1253 zurück, wo am 6. Dezember Graf Hartmann der Ältere von Kyburg dem Konstanzer Klarissinnenkloster Paradis Güter und Rechte im Dorfe Schwarzach schenkte. Dieses Dorf verschwand im Verlauf der Jahrhunderte, nachdem es wohl mehr und mehr in die Abhängigkeit des Klosters geraten war. Die Kyburger waren als Klostergründer auch die Schutzherren von Paradis. Nach ihrem frühen Aussterben wurden es die Habsburger, welche die Klostervogtei an die Truchsessen von Diessenhofen verliehen. Diese allerdings beuteten das Kloster derart aus, dass es sich mehr und mehr der Stadt Schaffhausen zuwandte. Im Jahre 1587 fielen die Klosterkirche und die Konventsgebäude einer Feuersbrunst zum Opfer, 1602 aber konnte die neue, jetzige Kirche eingeweiht werden. 1837 hob der Thurgau das Kloster auf, die beiden letzten Nonnen verbrachten aber daselbst noch ihren Lebensabend. Pächter und Gewerbetreibende aller Art versuchten im Laufe des 19. Jh. im ehemaligen Kloster ihr Glück zu machen. Die Bauten wurden durch An- und Umbauten verunstaltet, und das bewegliche Kunstgut wurde verschleudert. Die Georg Fischer AG Schaffhausen erwarb 1918 das Klostergut und richtete darin Wohnungen ein. 1948 beschloss der Verwaltungsrat der Firma die Errichtung einer «Eisenbibliothek», für die im ehemaligen Gästehaus die nötigen Räume bereitgestellt wurden. Anfangs der siebziger Jahre wurde überdies ein Schulungszentrum eingerichtet.

St. Katharinental

Dieses ehemalige Dominikanerinnenkloster, dessen Gründung kurz nach 1230 erfolgt sein muss, dient seit seiner Aufhebung im Jahre 1869 als kantonales Altersasyl. Die Geschichte weist auf den bedeutenden Aufschwung hin, den das Kloster unter dem Schutze der Habsburger genommen hat. Die Anlage der heutigen Gebäude ist dem Unternehmungsgeist der Priorin Domenica Josepha von Rottenburg (1712–1738) zu verdanken. Die Entwürfe für die Konventsgebäude stammen vom Vorarlberger Baumeister Franz Beer, dessen Sohn, Johann Michael Beer, den Bau zu Ende führte. Die Kirche St. Katharinental gilt als eine der schönsten Räume des Spätbarocks der Schweiz. Das Chorgestühl befindet sich zum Teil im Museum von Frauenfeld, zum andern Teil in einem Londoner Museum. Vor etlichen Jahren ist es gelungen, das berühmte St. Katharinentaler Graduale von 1312, eine grossartige Sammlung von Messegesängen in Buchform, an einer Auktion in London zurückzugewinnen. Diese einmalige Sammlung ist im Landesmuseum in Zürich untergebracht.

Im Jahre 1970 bewilligten die Thurgauer Stimmbürger einen Kredit von 14,6 Millionen Franken für den Ausbau und die Renovation. Aus dem Altersasyl ist mittlerweile ein kantonales Pflegeheim geworden.

Diessenhofen

Bereits im Jahre 757 erscheint der Ausdruck «Vilarium Deozincova» in einer Schenkungsurkunde, laut welcher ein Priester namens Lazarus diesen Weiler dem Kloster St. Gallen schenkte. Die Stadtgründung erfolgte durch Graf Hartmann den III. von Kyburg im Jahre 1178. Es war eine militärische Gründung, die der Sicherung des kyburgischen Besitzes am Rhein diente. Als 1264 die Kyburger ausstarben, kam das Städtchen an Graf Rudolf von Habsburg. Diessenhofen wurde bevorzugter Stützpunkt in den «Vorderen Landen» und zwischen 1415 und 1460 war es gar freie Reichsstadt. Nach dreiwöchiger Belagerung durch die Eidgenossen musste es sich später diesen ergeben. Dies war allerdings nicht zum Schaden Diessenhofens. Seine Bürger nahmen an den Söldnerzügen in die Lombardei teil und erhielten nach dem grossen Pavierzug im Jahre 1512 vom streitbaren Papst Julius II. die Dionysfahne, zwei blutrote Löwen auf goldenem Grund.
1799 erlebte das Städtchen noch einmal schlimme Zeiten, als sich hier Franzosen und Russen gegenüberstanden. Die Brücke wurde zerstört. Erst 1815 begann man in Diessenhofen mit dem Bau der neuen, heutigen Rheinbrücke. Ein weiteres Wahrzeichen Diessenhofens ist der Siegelturm. Es ist der einzige in seiner ursprünglichen Bauart noch vorhandene Zeitglockenturm im Thurgau. Ähnlichen Seltenheitswert hat der seltsam hohe Holzbau, der dicht am Rheinufer steht: der Hänkiturm. Er wurde über den Grundmauern des ehemaligen Armbrusterturms errichtet. Dieser gehörte noch zum Stadtwall aus der Zeit um 1300. Als aber friedlichere Zeiten kamen und zu Diessenhofen das Gewerbe Aufschwung erhielt, wurde durch die Besitzer der nahe gelegenen Färberei ein starkes Holzgehäuse aufgestellt, in welchem die langen Bahnen der eingefärbten Stoffe trocknen konnten.
Sehenswürdigkeiten: Siegelturm: erbaut 1545/46. Marktgasse. Südliche Stadtmauer. Rathaus: erbaut 1761/62. Oberhof (1520/27), Staffelgiebelbau mit Treppenturm. Pfarrkirche. Gedeckte Rheinbrücke. Hänkiturm: Tröckneturm der ehemaligen Färberei.

Kontrastreiches Giebelgewirr der Dächer von ▷
Stein am Rhein (Routen 8 und 9)

Probstei Wagenhausen

Der Kenner der Bodensee-, Untersee- und Hochrheingegend wundert
sich eigentlich, dass sich hier auf erstaunlich engem Raum vorzeiten nicht
weniger als vier Klöster gebildet haben: das ehemalige Augustiner-Chor-
herrenstift im badischen Öhningen, das Benediktinerkloster St. Georgen
zu Stein am Rhein, Wagenhausen und endlich St. Katharinental bei Diessenhofen. Der Grund leuchtet ein: das verhältnismässig verkehrsfreund-
liche, naturgeschaffene Tal des Rheins liess an diesem alten Grenzland-
fluss nicht nur weltliche, sondern auch geistliche Siedlungen entstehen,
von denen freilich Wagenhausen die am wenigsten beachtete ist. Gerade
deshalb sollten wir ihre Bekanntschaft machen.
Die ehemalige Benediktinerabtei wurde anno 1083 auf Grund einer
Schenkung des Edlen Tuto von Allerheiligen-Schaffhausen gegründet
und gebaut. Die eigentliche Schönheit liegt in den klassischen Baufor-
men. Südlich der Kirche finden sich Reste des romanischen Kreuzgangs.
Eine der beiden Glocken trägt die Jahreszahl 1291. Vorübergehend kam
das Klösterchen zur Abtei Petershausen, später aber an Allerheiligen. Zur
Zeit der Reformation wurde das Stift aufgehoben und einem Geistlichen,
unter dem Titel eines Propstes, die Seelsorge der Gemeinde Wagenhausen
übertragen. 1937 begann die Erneuerung der Kirche. Aussen- und Innen-
renovation der Probstei wurden vorläufig im Frühling 1972 abgeschlossen. Es ist ein Wunder, dass die ausgedehnten Erneuerungen einer so
kleinen Gemeinde möglich wurden. Die Probstei steht heute unter Bundesschutz.

Stein am Rhein

Funde haben bewiesen, dass das Gelände am Ausfluss des Rheines am
Untersee schon sehr früh besiedelt wurde. Auf der Insel Werd hausten im
Jungsteinzeitalter, d. h. vor etwa 4000 Jahren, bereits die Pfahlbauer. Die
Römer benützten später die Insel als Widerlager für ihren Steg, und auf
«Burg» liess Kaiser Diocletian um 229 ein Kastell erbauen, dessen Mauern
zum Teil noch immer stehen, soweit die Blöcke nicht zum Bau der Johan-
neskirche verwendet wurden. Schon 1799 wurde dieses Gotteshaus urkundlich erwähnt. Von Burg ist der Blick auf die Brückensiedlung, die gie-
belige Dächerwelt und den Rebhang der zur Burg Hohenklingen und zur
bewaldeten Kuppe des Klingenbergs empor strebt besonders eindrucks-
voll. Da oben residierten von 1050 bis 1268 die Zähringervögte. Schon
1457 kam der Loskauf aus der Hand der Klingenberger. Ein Schmuckstück aus dem Mittelalter ist das Kloster St. Georgen, an dessen Mauern

der Rhein dahinfliesst. Im Jahre 1005 wurde es von Hohentwiel nach Stein am Rhein verlegt, und nachdem die Abtei 1525 aufgehoben wurde, zogen zürcherische Amtsleute in die schönen Räume ein. Das Städtchen Stein war vorübergehend reichsfrei und schloss 1459 mit Zürich und Schaffhausen ein Bündnis. Im Jahre 1782 aber, als man zu Stein preussische Söldnerwerbung gestattete, kam es zu einem Bruch mit der Schutzherrin, und im Frühjahr 1784 besetzten die Zürcher das Städtchen. In der Zeit der Franzosenwirren hielt die Armut Einzug. 1803 erfolgte die Zuteilung Steins zu Schaffhausen.

Vorzügliche Renovationsarbeiten wie der gelungene Wiederaufbau des Untertors und der angeschlossenen Stadtwallhäuser, welche beim irrtümlichen Bombenangriff amerikanischer Flugzeuge gegen Ende des Zweiten Weltkrieges zugrunde gingen, zeugen vom Willen der Steiner, zu ihrer Stadt Sorge zu tragen. Nicht von ungefähr wurde in der Bauordnung von 1957 festgehalten: «Der Stadtrat ist verpflichtet, sowohl einzelne Kunstdenkmäler als auch das charakteristische Bild der Altstadt zu erhalten, die Umgebung der Eigenart des Stadtkörpers anzupassen und die weitere Landschaft vor verunstaltenden Eingriffen zu bewahren.» Mit dem Bau der neuen Hemishofen-Strassenbrücke ist auch der lästige Durchgangsverkehr so stark zurückgegangen, dass man sich mit dem Gedanken herumträgt, die Kernstadt künftig verkehrsfrei zu gestalten.

Sehenswürdigkeiten: Römisches Kastell auf Burg. Kloster St. Georgen: Innenausstattung mit Mobiliar aus dem 15./16. Jh. Stadtkirche St. Georg: eindrückliche romanische Säulenbasilika. Rathaus: erbaut 1539 bis 1542, früher zugleich Kaufhaus und Kornhalle. Obertor. Untertor. Hexenturm. Rathausplatz und Eichbrunnen. Hauptgasse mit prächtig bemalten Gast- und Bürgerhäusern.

Steckborn

Die erste urkundliche Erwähnung der damals «Stecheborn» genannten Ortschaft geht auf das Jahr 843 zurück. Ob der Name aus dem alemannischen «Steccho» (= Stock oder Pfahl) und «beran» (= tragen) abzuleiten ist und ursprünglich ein Pfahlbauerdorf bezeichnet oder aber mit dem Personennamen «Stecko» zusammenhängt, lässt sich nicht einwandfrei beweisen.

1858 wurden zwei der Jungen Steinzeit angehörende Siedlungen entdeckt, die Broncezeit ist ebenfalls durch Funde belegt. Und dass die Römer hier anwesend waren gilt als sicher.

Zwischen 1187 und 1332 werden die Herren von Steckborn als adelige Dienstleute des Klosters Reichenau vermerkt. Das Wahrzeichen Steck-

borns, der Turmhof, ist eine Reichenauer Gründung, die auf Abt Diethelm
von Castell zurückgeht. Da er durch innere Reformen den Widerstand der
an ein ungebundenes Leben gewöhnten, meist dem Adel entstammenden
Mönche heraufbeschwor, schuf er sich grimmige Gegner. Deshalb liess
der geistliche Herr drüben über dem See einen festen Turm mit direktem
Zugang von der Wasserseite her erstellen. Abt Diethelm erwirkte 1313
vom deutschen Kaiser Heinrich VII. das verbriefte Marktrecht für Steckborn. Durch die Schenkung der Kirche St. Jakob samt ihren Pfründen an
das Kloster Reichenau, festigten die Nachfolger Diethelms die Verbindungen über den See und damit den Einfluss des Klosters.
Alte Stiche zeigen das Städtchen in einer ausgesprochenen Dreiecks-
form. Die Breitseite stiess an den See. Gegen das Landinnere ragte die
durch den wehrhaften Kirchturm gesicherte Spitze.
Besondere Berühmtheit erlangten die Steckborner Öfen, die vor allem in
Schlössern noch da und dort anzutreffen sind. Besonders die Ofenbauer-
familie Meyer war es, die während Generationen tüchtige Handwerker
stellte. 1936 wurde in Steckborn die «Heimatvereinigung am Untersee»
gegründet, deren Tätigkeit zur Schaffung des Museums im Turm führte.
Sehenswürdigkeiten: Kirche St. Jakob. Rathaus: überaus malerischer
Fachwerkbau mit achtkantigem Treppentürmchen. Turmhof: erbaut um
1320, mit origineller Zwiebelhelmhaube und vier Ecktürmchen. Alte
Stadtmauer. Hauptgasse mit prächtigen Bürgerhäusern. Kehlhofplatz.

Schloss Arenenberg

Als der Konstanzer Bürgermeister Sebastian Gaisberg eine herrschaft-
liche Wohnung auf dieses Plateau baute, geschah es bestimmt nur der
herrlichen Aussicht wegen. Im 16. Jh. wurde Arenenberg unter dem da-
maligen Besitzer, Junker Konrad von Schwarzach, von den Eidgenossen
als adeliger Freisitz mit eigener Gerichtsbarkeit anerkannt. Im folgenden
Jahrhundert sah man hier manchen Besitzerwechsel, bis 1817 das
Schloss an Hortense, die Gemahlin des Königs Ludwig von Holland kam,
die in der Schweiz Zuflucht gesucht hatte. Von 1825 bis 1837 wohnte sie
hier mit ihrem Sohn Prinz Louis-Napoleon, dem späteren Kaiser Napoleon III. Nach dem Tode der Königin musste Prinz Louis-Napoleon das
Schloss veräussern; nachem er aber Kaiser der Franzosen geworden war,
kaufte es seine Gemahlin Eugénie zurück. Verschiedentlich hat die Kaiserin dann den Arenenberg bewohnt, während Napoleon III. nur 1865 hierher kam. Aus Dankbarkeit für das ihrem Gatten und seiner Mutter, der
Königin Hortense, gewährte Asyl schenkte Kaiserin Eugénie im Jahre
1906 das Schloss mit den Gütern dem Kanton Thurgau. Sie wünschte,

dass das Schloss als historisches Museum erhalten bleibe und das Gut gemeinnützigen Zwecken dienstbar gemacht werde. Beides ist verwirklicht worden. Die Zimmer des Schlosses sind in dem Zustand erhalten geblieben, wie zur Zeit, als sie von Hortense, dem Prinzen und der Kaiserin bewohnt waren. Mit viel Liebe und grossem Verständnis sind diesen Räumen wertvolle Möbel, Gemälde und Kunstgegenstände aus der ersten Hälfte des 19. Jh. und dem dritten Kaiserreich zugeordnet worden. Die übrigen Gebäude und das Land wurden der thurgauischen landwirtschaftlichen Schule dienstbar gemacht. Wohl kaum eine Stätte am Untersee hat einen derart grossen Besuch aufzuweisen wie Arenenberg.

Ermatingen

Ermatingen ist ein Dorf von besonderer Prägung. Über die Enge des ehemaligen Fischerdorfes ist es zwar längst hinausgewachsen, aber die schmalen Giebelhäuser am Stad erinnern noch daran. Ganz besonders beachtenswert sind die schmucken Gasthäuser und das mit Unterstützung der Schweizerischen Oberzolldirektion vorzüglich renovierte Zollhaus an der Lände.
Auch das wertvolle Brauchtum erinnert an die Zeiten, da der Fischfang hoch im Kurs stand und hauptsächlichste Erwerbsquelle war. Die Groppenfasnacht dürfte auf altheidnische Bräuche zurückgehen, auch wenn man ihr Entstehen lieber mit der Sage verknüpft, wonach der von Konstanz flüchtende Papst Johannes XXIII. als Begründer in Frage käme. Die Groppen sind inzwischen zwar ausgestorben, und auch den Gangfischen, die dem neuerster Zeit entsprungenen Gangfischschiessen den Namen gaben, scheint ein gleiches Schicksal bevorzustehen.

Gottlieben

Gottlieben ist eine der kleinsten Gemeinden der Schweiz. Es war bis 1873 Bezirkshauptort und hat eine reiche Geschichte aufzuweisen. Seiner hübschen Lage und seiner vorzüglichen Gaststätten wegen wird es gerne aufgesucht.
Bischof Eberhard II. liess 1251 in Gottlieben eine Burg errichten, die als Stützpunkt gegen Konstanz diente. Auch eine Brücke wurde erbaut. Sie sollte den Transithandel durch diese Gegend leiten. Der Erfolg blieb aus. Die Brücke verschwand. 1415 wurde während des Konstanzer Konzils Johannes Hus, der Prager Reformator, im Turm des Schlosses gefangengehalten. 1633 versuchte der schwedische Marschall Horn von seinem Hauptquartier, dem Schloss, aus, die Stadt Konstanz zu erobern. 1837

ging das Schloss an Prinz Louis-Napoleon über. Mit dem Besitzerwechsel
waren verschiedene bauliche Veränderungen verbunden. So verschwand
vor allem der Wassergraben. 1842 waltete Graf von Beroldingen als Besitzer und nach weiteren zahlreichen Wechseln wurde die berühmte Sänge-
rin Lisa della Casa Besitzerin.
Das hübsche Riegelhaus «Zur Drachenburg» ist im Jahre 1716 erstellt
worden und hiess damals «Oberes Steinhaus». 1944 erfolgte der Umbau
zum Hotel.

Kreuzlingen

Kreuzlingen gilt eher als junge Stadt. Die eigentliche sprunghafte Entwicklung geht auf das letzte Jahrzehnt zurück. Bis zum Ersten Weltkrieg
stand Kreuzlingen allzusehr im Schatten der Stadt Konstanz. Kreuzlingens Eigenständigkeit wuchs erst später, als es bei geschlossenen Grenzen auf sich selbst angewiesen war.
Wer in Kreuzlingen den alten Bauwerken nachspürt, findet in der vom 19.
auf den 20. Juli 1963 mit einem Teil der angebauten Seminargebäulichkei-
ten niedergebrannten und in vorbildlicher Weise wieder aufgebauten
St. Ulrichskirche das schönste Bauwerk. Die Klosteranlage ist auch früher
schon Bränden zum Opfer gefallen. Ihre Entstehung, und zugleich diejeni-
nige Kreuzlingens, geht auf den Bau eines Hospizes durch Bischof Konrad von Konstanz zurück. Jenes Hospiz, das der Gründer mit einem Split-
ter des heiligen Kreuzes beschenkte, und das über den Namen «Crucelin»
zur heutigen Benennung des Ortes führte, wurde im Jahre 968 vor den
Mauern der Stadt Konstanz erbaut. Das Stift war um 1120 gegründet
worden. Der Klosterbau beherbergt seit dem Sommer 1850 das thurgauische Lehrerseminar.
Die offene Bauweise Kreuzlingens hat dem Ort die Bezeichnung «Gartenstadt» eingetragen. Eduard Mörike hat gemeinsam mit seiner Schwester
im Sommer 1851 während einigen Monaten die landschaftlichen Schön-
heiten von Kreuzlingens Umgebung genossen.

Bodensee (Schwäbisches Meer)

Der zweitgrösste See des Alpengebietes nach dem Genfersee umfasst
539 km². Davon gehören 305 km² zu Deutschland, 174 km² zur Schweiz,
60 km² zu Österreich. Uferlänge 265 km. Grösste Tiefe, 252 m, zwischen
Immenstaad und Romanshorn. Grösste Breite, 14 km, zwischen Rorschach und Langenargen.
Als Teilausschnitt der Erdkugel-Oberfläche weist der Wasserspiegel des

Bodensees eine beträchtliche Krümmung auf. Könnte man Bregenz und Konstanz mit einer Geraden verbinden, so läge der Mittelpunkt dieser 46 km langen Strecke 42 m unter dem Seespiegel.

Die Seemulde wurde vom eiszeitlichen Rheingletscher ausgeschliffen. Fischer und Jäger, die in Pfahlbaudörfern lebten, waren die ersten Anwohner. Vier Jahrhunderte lang beherrschten die Römer die Gebiete rings um den See, den sie Lacus Brigantinus nannten. Dann mussten die Besetzer den Alemannen weichen.

Als die fränkische Königspfalz Bodoma (heute Bodman am Überlingersee) der alten Römerstadt Brigantium (Bregenz) den Rang ablief, erhielt der See den Namen «Lacus Potamicus», aus dem sich schliesslich Bodensee entwickelte.

Die Dampfschiffahrt auf dem Bodensee geht auf das Jahr 1855 zurück.

Romanshorn

Romanshorn war ursprünglich ein kleines Fischerdorf. Urkundlich wurde es schon um 779 erwähnt, als die fränkische Herrin Waltrada den Ort Rumanishorn der Abtei St. Gallen schenkte. Von 837 bis 896 war Romanshorn Sitz der sanktgallischen Obervögte. Die Vogtei wechselte oft ihren Besitzer. Im 16. Jh. wurde der Ort zur Landgrafschaft Thurgau geschlagen und später dem neugebildeten Kanton Thurgau zugeteilt.

Schon früh begann der Verkehr den Ort zu prägen. 1815 baute man in Romanshorn ein Gredhaus, einen wichtigen Warenumschlagsplatz. Am 1. Dezember 1824 lief das erste Dampfschiff auf dem Bodensee, die «Wilhelm», von Stapel. Mit Uttwil und Arbon stritt sich Romanshorn um den ersten thurgauischen Hafen. 1844 war die Hafenanlage erstellt, 10 Jahre später wurde sie wesentlich erweitert. 1855 lief das erste schweizerische Dampfschiff, die «Thurgau», von Stapel und im gleichen Jahr wurde der Romanshorner Bahnhof erstellt. Die erste Trajektfähre geht auf das Jahr 1869 zurück. Es bestanden Verbindungen mit Friedrichshafen, Lindau, Bregenz und Konstanz. Im Mai 1955 kam noch die Autofähre Romanshorn–Friedrichshafen dazu.

Trotz dieser erfreulichen Entwicklung ist es Romanshorn nie gelungen, grössere Industrien in seinen Mauern anzusiedeln. Dafür ist der Fremdenverkehr zu ansehnlicher Blüte gelangt.

◁   Weite und Ruhe ausstrahlende Landschaft
am Wanderweg bei Münsterlingen am
Bodensee.

Arbon

Die Geschichte des Ortes ist durch Ausgrabungen belegt. Neben stein-
zeitlichen und frühbroncezeitlichen Siedlungen befand sich das römische
Arbor Felix, eine Niederlassung von Bedeutung, an dieser Stelle. Erst die
Ausgrabungen von 1963 erbrachten eindeutige Funde über das Bestehen
eines Kastells. So ist nun erwiesen, dass die alte Martinskirche inmitten
des ehemaligen Kastellareals liegt. Als im Jahre 612 die irischen Glau-
bensboten Kolumban und Gallus nach Arbon kamen, dürften sie das römische Kastell noch in gutem Zustande vorgefunden haben. Gallus zog
darauf ins obere Steinachtal. Gestorben ist er aber in Arbon. So erzählt es
wenigstens die Sage.
Schon früh gelangte Arbon in den Besitz des Bischofs von Konstanz,
dessen Dienstleute sich nun Herren von Arbon nannten und in der Burg
wohnten. Nach der Befreiung des Thurgaus 1798 fiel das bischöfliche
Schloss an den Kanton Thurgau. Hierauf wurde es von Xaver Stoffel ge-
kauft, der darin eine Seidenbandweberei einrichtete. Sehenswert ist auch
das Rathaus, ein ausgebauter Eckturm der Stadtmauer, der in seiner heutigen Bauform aus dem Jahre 1791 stammt. Heute beherbergt es das Be-
zirksgericht.
Zu Beginn des 18. Jh. wurde in Arbon die Leinwandindustrie ansässig. Es
folgte die Baumwollindustrie mit Färbereien und Stoffdruckereien und
schliesslich entstand die mechanische Industrie unter Franz Saurer. Mo-
toren, Fahrzeuge und Textilmaschinen haben die Saurerwerke weltbe-
kannt gemacht und das Denkmal auf der Quaianlage erinnert an Adolph
Saurer, den Begründer des gleichnamigen Automobilwerkes.

Rorschach

In der Gegend der heutigen Kirchen entstand die erste alemannische
Siedlung Rorscahun (Rohr = Schilf, Scahun = Schachen). Rorschach
war schon im 9. Jh. ein wichtiger Durchgangsort für Rompilger und Kaufleute und erhielt 947 ein kaiserliches Markt-, Münz- und Zollrecht zugun-
sten des Klosters St. Gallen, mit dem die Geschichte Rorschachs eng
verknüpft ist. Im 12. und 13. Jh. war das Geschlecht der Edlen von Rorschach Stütze der Abtei. Sie besassen das St. Annaschloss am Rorschacherberg. 1449 wurde es der Abtei verkauft und beherbergte fortan einen
Klostervogt. Im Schwabenkrieg von 1499 und auch im Dreissigjährigen
Krieg hatte der Ort schwer unter den Heeresdurchmärschen zu leiden.
1629 geisselte die Pest die Gegend. Auf das bedeutende Leinwandge-
werbe gehen die schönen Bürgerhäuser aus dem 18. Jh. an der Hauptstrasse mit ihren Erkern zurück. Im 19. Jh. entwickelte sich der Markt-

flecken zum Industrieort und Sitz der Stickereiindustrie, die nach dem Ersten Weltkrieg durch andere Branchen abgelöst wurde.
1597 erschien in Rorschach die erste deutschsprachige Zeitung Europas.
Sehenswürigkeiten: Kornhaus: das Wahrzeichen des Hafens, ein Barockbau, erbaut 1746/48, gilt als schönster Getreidespeicher der Schweiz und diente dem äbtischen Territorium. Heute befindet sich darin das Ortsmuseum. Rathaus (1681–1689), Amtshaus (1970).
Die katholische Kirche wurde wohl vor 1000 Jahren gegründet. Neubau 1438, erweitert 1782, Turm 1694. Nördlich der Kirche die Seelenkapelle, ein Barockbau von 1686. Die reformierte Kirche wurde 1902–1903 erbaut. Am Turm kleine Ecktürmchen.
Das ehemalige Benediktinerkloster Mariaberg, südlich des Orts, gilt neben St. Georg in Stein am Rhein als bedeutendster spätmittelalterlicher Klosterbau der Schweiz. Grundsteinlegung 1487 durch Abt Ulrich Rösch von St. Gallen, der sein Kloster hierher verlegen wollte, um den ständigen Streitigkeiten mit den Bürgerschaft zu weichen. St. Gallens Bürger sahen aber dadurch das Wohl ihrer Stadt bedroht und zerstörten 1489 im sogenannten Klosterbruch zusammen mit den Appenzellern den begonnenen Neubau. Wieder aufgebaut, wurde daraus ein Denkmal spätgotischer Steinmetzkunst. Seit 1864 Lehrerseminar.

Auskunftsstellen

Schweizerische Arbeitsgemeinschaft für Wanderwege (SAW)
Im Hirshalm 49, 4125 Riehen, Telefon 061 491535

Regionale Verkehrsverbände:

Nordwestschweiz:	Nordwestschweizerische Verkehrsvereinigung Geschäftsstelle: Verkehrsverein der Stadt Basel Blumenrain 2, 4001 Basel Telefon 061 253811
Zürich:	Verkehrsverein der Stadt Zürich und Umgebung Bahnhofbrücke 1, Postfach, 8023 Zürich Telefon 01 2114000
Ostschweiz:	Verkehrsverband Ostschweiz Geschäftsstelle: Verkehrsbüro der Stadt St. Gallen Bahnhofplatz 1a, Postfach, 9001 St. Gallen Telefon 071 226262

Jugendherbergen:

Basel, St. Alban-Kirchrain 10
Dachsen, Schloss Laufen am Rheinfall
Schaffhausen, Randenstrasse 65, «Belair»
Stein am Rhein, Niederfeld
Kreuzlingen, Promenadenstrasse 7, Hörnliberg
Romanshorn, Gottfried-Keller-Strasse 6
Rorschach, «Ebnet», Rorschacherberg

Schiffahrten

Basel – Rheinfelden
Eglisau – Rüdlingen – Rheinau
Rheinau – Rheinfall
Neuhausen – Rheinfall – Schloss Laufen
Schaffhausen – Stein am Rhein – Steckborn

◁ In Romanshorn öffnet sich der Bodensee
zu seiner vollen Breite (Routen 11 und 12)

Das ehemalige Kloster Paradis am Rhein zwischen Schaffhausen und Diessenhofen.
Im Hintergrund die deutsche Enklave Büsingen (Route 8)

Zoll- und Grenzverkehr

In der Regel ist der Grenzübertritt nur an Zollämtern gestattet. Unter dem Begriff «Grüne Grenze» wurden einige zusätzliche Übergänge geschaffen, die dem Wanderer erlauben, ohne grosse Umwege sein Ziel zu erreichen. Für das Passieren der «Grünen Grenze» sind folgende Punkte zu beachten:

1. Gültiger Personalausweis erforderlich.
2. Ausser Proviant darf keine Handelsware mitgenommen werden.
3. Die Grenzpunkte dürfen nur zu Fuss und nicht mit Fahrzeugen passiert werden.
4. Der Grenzübertritt darf nur bei Tageslicht erfolgen.
5. Visumspflichtige Ausländer sind von dieser Regelung ausgenommen.
6. Wanderer in Gruppen haben sich vorher telefonisch bei den zuständigen Zolldirektionen anzumelden. Schaffhausen: Telefon 053 5 36 44, Zollkommissariat Jestetten D, Telefon 283.

Als Ergänzung zum vorliegenden Wanderbuch steht eine reiche Auswahl an Karten zur Verfügung. Die Ortsnamen und Höhenangaben dieses Buches stützen sich in der Regel auf die Landeskarte 1:25 000 und auf das Amtliche Kursbuch der Schweiz.

Wanderkarten

		Routen-Nr.
1:50 000	Wanderkarte Fricktal	1–4
	Spezialkarte des Jura, Blatt 2	1 + 2
	Spezialkarte des Jura, Blatt 1	3–5
	Zürich – Schaffhausen	6–8
	Untersee und Rhein	8–10
	Thurgauer Wanderkarte	9–11
	St. Gallen – Appenzell	12
1:25 000	Basel und Umgebung	1

Landeskarte der Schweiz

	Blatt		Routen-Nr.
	213	Basel	1
	214	Liestal	1–4
	215	Baden	4–7
	205	Schaffhausen	7 + 8
	206	Stein am Rhein	8–10
	207	Konstanz	11
	217	Arbon	11 + 12
1:25 000	1047	Basel	1
	1067	Arlesheim	1
	1068	Sissach	1
	1048	Rheinfelden	1 + 2
	1069	Frick	2
	1049	Laufenburg	3 + 4
	1050	Zurzach	4 + 5
	1051	Eglisau	5–7
	1031	Neunkirch	7
	1032	Diessenhofen	8 + 9
	1053	Frauenfeld	9
	1033	Steckborn	9 + 10
	1034	Kreuzlingen	10 + 11
	1054	Weinfelden	11
	1055	Romanshorn	11 + 12
	1075	Rorschach	12

Die Markierung der Wanderrouten

Die Markierung der Wanderrouten geschieht nach den von der Schweizerischen Arbeitsgemeinschaft für Wanderwege (SAW) aufgestellten Richtlinien. Sie besteht aus Wegweisern, Richtungszeigern und Zwischenmarkierungen.
Die angegebenen Marschzeiten basieren auf einer durchschnittlichen Leistung von 4,2 km in der Stunde. Rastzeiten sind nicht eingerechnet.

Wanderrouten (gelbe Markierung)

Wege für jedermann, die mit gewöhnlichem Schuhwerk und ohne besondere Gefahren begangen werden können.

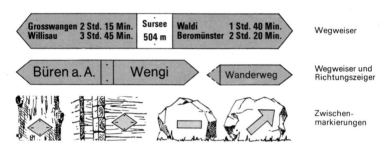

Grosswangen 2 Std. 15 Min.	
Willisau 3 Std. 45 Min.	Wegweiser

Wegweiser und Richtungszeiger

Zwischenmarkierungen

Bergrouten (weiss-rot-weisse Markierung)

Wege, die *grössere Anforderungen* an die Ausrüstung des Wanderers bezüglich *wetterfeste Kleidung* und *geeignetes Schuhwerk mit griffigen Sohlen* stellen. Das Begehen von Bergwegen erfordert *besondere Vorsicht* und *Bergtüchtigkeit.*

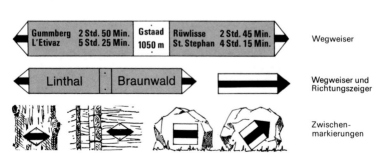

Wegweiser

Wegweiser und Richtungszeiger

Zwischenmarkierungen

Die Schweizerische Arbeitsgemeinschaft für Wanderwege (SAW)

Gehen ist gesund. Gehen macht munter und verschafft das beglückende Gefühl der Freiheit. Technik und Maschine haben den Menschen der Natur entfremdet – der Wanderweg bringt ihn zu ihr zurück.

Als Dachorganisation der Wanderbewegung in der Schweiz fördert die SAW die Erschliessung der Landschaft durch Wanderwege. Sie kämpft für die Erhaltung und Sicherung des echten, das heisst möglichst motorfahrzeug- und immissionsfreien Wanderweges. Sie tritt für ein sinnvolles Wandern ein und unterstützt die Bestrebungen zum Schutze von Natur und Heimat.

Die SAW wurde 1934 in Zürich gegründet. Sie stellt ihre Dienste der Öffentlichkeit unentgeltlich zur Verfügung. Ihre Hauptaufgabe sieht die SAW in der Unterstützung ihrer 25 Sektionen in der Schweiz und im Fürstentum Liechtenstein und in der Koordinierung ihrer Arbeit. Sie legt das gesamtschweizerische Wanderwegekonzept fest, plant die durchgehenden nationalen und internationalen Wanderrouten und erlässt Richtlinien für ein einheitliches Vorgehen.

Die Wanderbewegung ist ein Beispiel schweizerischer Eigenart. Einerseits finden die von der SAW aufgestellten Normen Verständnis und Nachachtung, andererseits behalten die Wanderwegesektionen ihre Selbständigkeit. Bei ihnen liegt die Hauptlast der praktischen Arbeit. Sie planen, markieren und unterhalten ihr Wanderroutennetz, bauen eigene Wanderwege aus, organisieren geführte Wanderungen und bearbeiten eine grosse Zahl an Wanderbüchern und Wanderkarten. Mit seinen rund 50 000 km Länge sucht das Wanderroutennetz der Schweiz seinesgleichen jenseits der Grenzen.

Es ist ein besonderes Anliegen der SAW, für das Wandern als Freizeitgestaltung und Körperertüchtigung zu werben. Daher informiert sie die Öffentlichkeit über die Wanderprobleme und pflegt den Erfahrungsaustausch zwischen den Sektionen. Gegenüber Behörden im In- und Ausland wahrt sie die Interessen der Wanderer. Als Dienstleistung für Wanderfreunde führt sie eine zentrale Auskunfts- und Dokumentationsstelle und veröffentlicht jährlich in ihrem Wanderprogramm eine Zusammenfassung der geführten Wanderungen und Wanderwochen ihrer Sektionen sowie ein Verzeichnis der erhältlichen Wanderliteratur.

Den Skiwanderer dürfte interessieren, dass die SAW zusammen mit ihren Sektionen und dem Schweizerischen Ski-Verband auch die Ski-Wanderwege einheitlich markiert. Heute stehen dem Anhänger dieses immer beliebteren Volkssportes in der Schweiz rund 150 Ski-Wanderwege, die zusammen über 1400 km messen, zur Verfügung. Das Wegenetz wird jährlich erweitert. Über Umfang und Zustand orientiert eine Broschüre, die jährlich überarbeitet wird.

Literaturverzeichnis

Attenhofer, E.:	Alt-Zurzach, Aarau 1940.
Bächtold, H.:	Stein am Rhein in Geschichte und Kunst, Schaffhauser Heimatblätter 1-3, 1962.
Bär, G.:	Auf Wanderwegen im Zürcher Unterland, Rafzerfeld und Weinland, Zürich 1977.
Bernasconi, H.U.:	Aarau, Schweizer Wanderbuch 18, Bern 1980.
Bernasconi, H.U.:	Aargau, Schweizer Wanderbuch, Rundwanderungen 4, Bern 1977.
Bernasconi, H.U.:	Baden, Schweizer Wanderbuch 14, Bern 1978.
Brasser, H.:	Eglisau, Schweizer Heimatbuch 129, Bern 1966.
Bürgisser, E.:	Kaiserstuhl, Aargauer Heimatführer, Aarau 1955.
Burckhardt, P.:	Geschichte der Stadt Basel, Basel 1942.
Burkhalter, P./Fuchs, A.:	Alpenrandroute, Schweizer Wanderbuch, Durchgehende Routen, Bern 1981.
Edelmann, W.:	Zurzach, 25 Jahre Kurort im Kulturort, Zurzach 1980.
Etter, A.:	Bodensee, Wanderbuch Internationale Reihe 2, Bern 1972.
Etter, A.:	Mit dem Auto zum Wanderweg Thurgau, Frauenfeld 1976.
Etter, A.:	Thurgauer Wanderbuch, Frauenfeld 1977.
Fricker, T.:	Laufenburg, Geschichtliches und Wandervorschläge, Verkehrsverein Laufenburg.
Gutersohn, H.:	Geographie der Schweiz, 1958–1969.
Hofmann, A.:	Gotthardroute, Schweizer Wanderbuch, Durchgehende Routen, Bern 1980.
Jenny, H.:	Kunstführer der Schweiz, 1945.
Kuster, W.:	Der Wandteppich im Münster zu Schaffhausen, Schaffhausen.
Laur-Belart, R.:	Führer durch Augusta Raurica, Basel 1959.
Laur-Belart, R.:	Zurzach, Aargauer Heimatführer, Aarau 1960.
Liebetrau, H.:	Rheinfelden, Schweizer Heimatbuch 46, Bern 1952.
Meyer, W.:	Burgenkarte der Schweiz, Blatt 1, Wabern 1976.
Meyer, W.:	Burgenkarte der Schweiz, Blatt 2, Wabern 1978.
Ribaud, L.:	St. Gallen–Appenzell, Schweizer Wanderbuch 7, Bern 1978.
Rippmann, E.:	Stein am Rhein, Schweizer Heimatbuch 70, Bern 1955.
Schädeli, F.:	Schaffhausen, Schweizer Wanderbuch 38, Bern 1975.
Schärer, M.R.:	Schweizer Museumsführer, Bern 1980.
Schib, K.:	Geschichte der Stadt Laufenburg, Aarau 1951.
Schib, K.:	Geschichte der Stadt Rheinfelden, Rheinfelden 1961.
Steiger, W.:	Geschichte der Schweiz, Band 1, St. Gallen 1975.
Waldvogel, H.:	Diessenhofen, Schweizer Heimatbuch 84, Bern 1958.
Witzig, H.:	Das Zeichnen in der Geschichtskunde 1, Zürich 1955.
Zeller, W.:	Reizvolle Schweizer Kleinstadt, Zofingen.
Zeugin, W.:	Basel 1, Schweizer Wanderbuch 1, Bern 1975.
Zeugin, W.:	Basel 2, Schweizer Wanderbuch 2, Bern 1975.

Bücher, die im Buchhandel nicht mehr erhältlich sind, können bei der Schweizerischen Landesbibliothek, Hallwylstrasse 15, 3005 Bern, leihweise bezogen werden.

Alphabetisches Register

Die Ziffern beziehen sich auf die Routennummern.

Kümmerly + Frey